BABY BLUES®

BABY BLUES®

Wenn ich doch eine HAUSfrau bin, warum sitze ich dann immer im AUTO?

achter bahn

Rick Kirkman/Jerry Scott

Baby Blues – Wenn ich doch eine Hausfrau bin,
warum sitze ich dann immer im Auto?

Achterbahn im Lappan Verlag GmbH
Postfach 3407 • 26024 Oldenburg

www.achterbahn.de

Printed in EU

ISBN 978-3-89982-283-0

KLOPF!
KLOPF!
MAMI?
JA?
Distr. by Bulls
TIMMI MUSS AUFS KLO, DAS TELEFON KLINGELT, JEMAND IST AN DER TÜR UND DER BACK-OFEN PIEPT!
ICH BIN IN DER BADEWANNE! GEH UND SAG ES PAPA!
OKAY!
www.babyblues.com
ICH HAB'S IHM GESAGT!
UND..?
KLOPF
KLOPF
ER HAT GESAGT, ICH SOLL DIR SAGEN, DASS TIMMI NICHT MIT IHM AUFS KLO GEHEN WILL, OMA AM TELEFON IST, JOLANDA EIN REZEPT SUCHT UND DIE PLÄTZCHEN IM OFEN VERBRENNEN.
SEUFZ

MAMI! MEIN LBW IST BA-PUTT.
DU MEINST, DEIN LKW IST KAPUTT.
Distr. by Bulls
www.babyblues.com
2484
SAG ICH DOCH, MEIN LBW IST BAPUTT.
KIRKMAN & SCOTT
SAG, "L-K-K-K-K-K-K-W".
L-K-K-K-K-K-K-W.
SAG, "K-K-K-K-K-APUTT".
K-K-K-K-K-APUTT.
WAS WOLLTEST DU NOCHMAL?
DIE RÄDER SIND AB!

MAMI!
SCHATZ, WEISST DU, WO ICH DIE ...
DU BIST EINE PETZE!
Distr. by Bulls
GRRRR ...
www.babyblues.com
SCHON GUT!
ICH FINDE ES SCHON SELBST.
BIS DANN!
ZIP!
ZIP!
ZIP!
EINE SCHWANGERE ZU WECKEN IST GEFÄHRLICH!
KIRKMAN & SCOTT
2485

MACH LAUTER! ICH LIEBE DIESES LIED!
2486
www.babyblues.com
Distr. by Bulls
HE! DAS IST EIN BEATLES-SONG! DER WAR EIN HIT, ALS ICH NOCH EIN KIND WAR!
KIRKMAN & SCOTT
WAS IST? WUSSTET IHR NICHT, DASS ES DIE FRÜHER SCHON GAB?
GAB ES FRÜHER SCHON MUSIK?

HI, BABS!
BINI! SIEH DICH AN!
Distr. by Bulls
ICH WEISS. DIE ZWILLINGE HABEN EINEN WACHSTUMSSCHUB.
OH JA.
2487
www.babyblues.com
ICH HABE NOCH ZWEI MONATE UND SEHE AUS, ALS HÄTTE ICH EIN AUTO IM BAUCH!
ACH, QUATSCH.
DU SIEHST AUS, ALS HÄTTEST DU ZWEI AUTOS IM BAUCH.
IRGENDWIE HABE ICH DAS GEFÜHL, DU GENIESST DAS.

BABS, BIST DU DA?
HIER, YOLANDA!
Distr. by Bulls
HI, ICH WAR ... BINI??
www.babyblues.com
2488
BWAA HA HA HA HA HA HA HI HA HA HA HA H
DU SIEHST TOLL AUS!
SIEHST DU? SIE FINDET ES AUCH.

MÖCHTEST DU IRGENDWAS, BINI?
NEIN, DANKE. ALLES OKAY.
Distr. by Bulls
www.babyblues.com
EIN KISSEN?
EIN GLAS WASSER?
NEIN.
NEIN.
EINEN SCHEMEL?
2489
EINE ENTBINDUNG?
WOLLT IHR DAMIT SAGEN, DASS ICH MIES AUSSEHE?

MIR STEHT EINE DER SCHWIERIGSTEN AUFGABEN MEINES LEBENS BEVOR, KINDER.
DU MEINST ...
JA. GENAU DAS.
ICH MUSS VON DIESEM SOFA AUFSTEHEN, WEIL ICH AUFS KLO MUSS.
WARTE! ICH HOLE DIE VIDEOKAMERA!
2490
www.babyblues.com
Distr. by Bulls
KIRKMAN & SCOTT

WEISST DU, DASS DU HAARE AUF DEM GROSSEN ZEH HAST?
ACH JA?
UND DEINE KNÖCHEL SIND GANZ GESCHWOLLEN.
ABER DAS KANN MAN KAUM SEHEN, WEGEN DEN GANZEN BLAUEN ÄDERCHEN ÜBERALL AUF DEINEN BEINEN.
FRAG NICHT!
2491
Distr. by Bulls
www.babyblues.com
KIRKMAN & SCOTT

RÜLPS!
ENTSCHULDIGUNG!
RÜLPS!
RÜLPS!
ENTSCHULDIGUNG!
RÜLPS!
ENTSCHULDIGUNG!
ENTSCHULDIGUNG!
RÜLPS!
RÜLPS!
ENTSCHULDIGUNG!
ENTSCHULDIGUNG!
RÜLPS!
ENTSCHULDIGUNG!
DAS LERNT MAN IM BENIMMUNTERRICHT.
GENUG SPRUDEL FÜR HEUTE.
COOL!
2492
Distr. by Bulls
www.babyblues.com
KIRKMAN & SCOTT

ICH FREUE MICH SO AUF DEN AUSFLUG!
UND TIMMI UND ICH FREUEN UNS AUF EINEN GEMEINSAMEN TAG, STIMMT'S, TIMMI?
Distr. by Bulls
SUSI HAT SPASS MIT IHREN FREUNDEN UND WIR WERDEN HIER ZU HAUSE SPASS HABEN!
JAA! JEDE MENGE SPASS! TONNEN UND TONNEN UND TONNEN ...
2493
www.babyblues.com
LEAS MAMI IST DA! TSCHÜSS!
... UND TONNEN UND TONNENWEISE SPASS!
©2002, BABY BLUES PARTNERSHIP DIST. BY KING FEATURES SYNDICATE 6-17
ALSO GIB DIR MÜHE!
KIRKMAN & SCOTT

TSCHÜSS, SUSI! VIEL SPASS BEIM AUSFLUG!
Distr. by Bulls
www.babyblues.com
JETZT HAST DU DEN GANZEN TAG FÜR DICH ALLEINE, TIMMI.
KIRKMAN & SCOTT
KEINE GROSSE SCHWESTER, DIE DICH ÄRGERT, MIT DER DU SPIELZEUG TEILEN MUSST, DIE DICH HERUMSCHUBST! DU KANNST TUN, WAS DU WILLST!
JAA!
2494
©2002, BABY BLUES PARTNERSHIP DIST. BY KING FEATURES SYNDICATE 6-18
WAS WILLST DU ZUERST MACHEN?
AUF SUSI WARTEN.

WANN KOMMT SUSI ZURÜCK?
IHR AUSFLUG ENDET UM DREI UHR.
Distr. by Bulls
IST DAS EINE LANGE ODER KURZE ZEIT?
FÜR EINEN BÖSEN JUNGEN SCHEINT ES EINE LANGE ZEIT, FÜR EINEN BRAVEN JUNGEN NUR EINE KURZE.
2495
www.babyblues.com
OH.
KIRKMAN & SCOTT
©2002, BABY BLUES PARTNERSHIP DIST. BY KING FEATURES SYNDICATE 6-19
WER IST DER ANDERE JUNGE, VON DEM DU GESPROCHEN HAST?

HÖRT AUF!
NUR EIN STÜCK! NUR EIN STÜCK!
OOOOOCH!
OKAY, JETZT REICHT ES!
NEIN! NEIN!
WENN ICH ES NOCHMAL SAGEN MUSS, RÄUME ICH SIE WEG!
PAPI!
KÖNNEN WIR VORM ESSEN NOCH WAS NASCHEN?
1-28 210
LEIDER NICHT!
OKAY.
PUHH! ES IST NICHT EINFACH, STRENG ZU SEIN!

B-B-B-
B-B-B-B-
B-B-B-B-
B-B-B-B ...
MÖCHTEST DU, DASS ICH MIT DIR SPIELE, TIMMI?
Distr. by Bulls
ICH DENKE SCHON.
WELCHEN SOLL ICH NEHMEN?
2496
www.babyblues.com
KOMMT DARAUF AN. LASS MAL DEINEN MOTOR HÖREN.
b-b-b-b-b-b-b-
b-b-bppth.
© 2002, BABY BLUES PARTNERSHIP DIST. BY KING FEATURES SYNDICATE 6-20
B-B-B-B-
B-B-B-B-
B-B-B-
B-B-B-B...
KIRKMAN & SCOTT

DAS IST UNFAIR! ICH WILL EINEN GROSSEN LKW!
DANN MUSST DU SO EINEN LAUTEN MOTOR MACHEN:
B-B-B-B-B-
B-B-B ...
Distr. by Bulls
SO? B-B-B-B-B ...
TIEFER!
SO? B-B-B-B-B ...
JAA!
2497
www.babyblues.com
RING! RING!
B-B-B-B-B-B-B-B-B-B-B ...
KIRKMAN & SCOTT
© 2002, BABY BLUES PARTNERSHIP DIST. BY KING FEATURES SYNDICATE 6-21
HALLO?
OH, DA HAB ICH MICH VERWÄHLT.

WANN KOMMT SUSI NACH HAUSE?
HEUTE NACHMITTAG.
2498
Distr. by Bulls
WANN IST SUSI ENDLICH DA?
IN EIN PAAR STUNDEN.
www.babyblues.com
WIE LANGE DAUERT ES JETZT NOCH?
SIE MÜSSTE JEDE MINUTE KOMMEN.
© 2002, BABY BLUES PARTNERSHIP DIST. BY KING FEATURES SYNDICATE 6-22
BIN WIEDER DA!
JETZT SCHON?
KIRKMAN & SCOTT

WENN DU SECHS BIST, BIN ICH NEUN.
WENN DU NEUN BIST, BIN ICH ZWÖLF!
WENN DU ZWÖLF BIST, BIN ICH **FÜNFZEHN!**
2499
MAMI!
WAS IST DENN?
SUSI NIMMT SICH DIE GANZEN JAHRE!!!

LASST UNS EINE MÜNZE WERFEN, UM ZU SEHEN, WER DEN SCHLÄGER ZUERST BEKOMMT.
BEI KOPF BEKOMMT TIMMI ZUERST DEN SCHLÄGER, BEI ZAHL SUSI.
2500
GRABSCH
GUTE NACHRICHT! DU BEKOMMST DEN SCHLÄGER ZUERST.
WENN ES DIR NICHTS AUSMACHT, HÄTTE ICH LIEBER EINE MÜNZE.

ALSO NOCH MAL ...
NUN, TIMMI, KOPF ODER ZAHL?
2501
PLOP!
ZAHL!
WOW! DAS KANN ICH GUT!
BEIM NÄCHSTEN MAL SOLLTEST DU DICH ETWAS FRÜHER ENTSCHEIDEN.

STÖHN
WAS IST LOS, BABS?
ICH LIEGE UNBEQUEM!
Distr. by Bulls
WIESO?
WEIL ICH **SCHWANGER** BIN! DARUM!
www.babyblues.com
2502
KANN ICH IRGENDWAS FÜR DICH TUN?
© 2002, BABY BLUES PARTNERSHIP DIST. BY KING FEATURES SYNDICATE 6-27
KIRKMAN & SCOTT
ICH MEINE, KANN ICH IRGENDWAS FÜR DICH TUN, AUSSER EINER VORZEITIGEN ENTBINDUNG?

2503
Distr. by Bulls
www.babyblues.com
© 2002, BABY BLUES PARTNERSHIP DIST. BY KING FEATURES SYNDICATE 6-28
BABS MEIER ... TEILS HAUSHALTSGENIE UND TEILS PARKPLATZWÄCHTER.
KIRKMAN & SCOTT

HALLO?
HALLO. SPRECHE ICH MIT DEM FINANZIELLEN VORSTAND DES HAUSES?
JA.
IRGENDWIE SCHON.
2504
Distr. by Bulls
www.babyblues.com
WIR SIND GLEICHBERECHTIGT ... WIR ENTSCHEIDEN ... NA JA ...
© 2002, BABY BLUES PARTNERSHIP DIST. BY KING FEATURES SYNDICATE 6-29
NEIN.
OKAY. GEBEN SIE MIR IHRE FRAU.
KIRKMAN & SCOTT

Distr. by Bulls
2505
www.babyblues.com
FLAP
FLAP
FLAP FLAP
KIRKMAN & SCOTT
©2002, BABY BLUES PARTNERSHIP DIST. BY KING FEATURES SYNDICATE 7-1
IRGENDWIE IST GERADE GELD AUS DEM FENSTER GEFLOGEN!
SIEH NUR! NOCH VIER GEBURTS-TAGSEINLADUNGEN FÜR DIE KINDER.

EINE FAHRT IN DEN FREI-ZEITPARK? EINE POOL-PARTY IM COUNTRY CLUB? EINE KUTSCHFAHRT ÜBERS LAND?
WOW.
2506
Distr. by Bulls
DAS KLINGT NACH ZIEMLICH NOBLEN GEBURTSTAGS-PARTYS.
ALLER-DINGS.
©2002, BABY BLUES PARTNERSHIP DIST. BY KING FEATURES SYNDICATE
www.babyblues.com
WIE TEUER WIRD DAS?
WENN ICH DA-BLEIBE UND HELFE, EIN GESCHENK FÜR 15 EURO, WENN NICHT 20 EURO.
7-2
KIRKMAN & SCOTT

VIER GEBURTSTAGE AUF EINMAL. BEI 15 EURO PRO GESCHENK SIND WIR 60 EURO LOS!?
NICHT UNGEDINGT.
Distr. by Bulls
MANCHMAL KAUFE ICH GE-SCHENKE UND PACKE SIE IN DIE LAST-MINUTE-GE-SCHENKE-KISTE.
2507
www.babyblues.com
EINE SPICE-GIRLS-PUPPE UND EIN GLIBBE-RIGER TINTENFISCH?
SPICE GIRLS
KIRKMAN & SCOTT 7-3
©2002, BABY BLUES PARTNERSHIP DIST. BY KING FEATURES SYNDICATE
IST WOHL SCHON NE WEILE HER, DASS ICH DIE SACHEN DA HINEINGEPACKT HABE.
WIR SIND ALSO 60 EURO **PLUS** DAS GELD FÜR DIESEN MÜLL LOS?!

AHHHH! WAS FÜR EIN HERRLICHES GEFÜHL!
ICH MUSS MICH WIRKLICH SELBER LOBEN.
EIN KLEINES TÜTCHEN MIT GUMMIBÄNDERN...EIN FESTES KNÄUEL SCHNUR...SICHERHEITSNADELN, BRIEFMARKEN, BÜROKLAMMERN, SCHRAUBEN UND NÄGEL ALLE SCHÖN SORTIERT IN KÄSTCHEN...
HE, BABS, WAR HIER NICHT IMMER SO EIN KLEINER NAGELKNIPSER DRIN?
AUFGERÄUMTER KRIMSKRAMS IST PRAKTISCH EIN WIDERSPRUCH IN SICH!
JA. GENAU WIE "ZIVILISIERTER MANN".
www.babyblues.com
Distr. by Bulls

WAS DENKST DU, WAS LUISA GERNE ZUM GEBURTSTAG HÄTTE?
ÄHM ...
Distr. by Bulls
2508
www.babyblues.com
HMMM.
KIRKMAN & SCOTT
WELCHE IST LUISA? DIE, DIE IMMER GEMEIN ZU MIR IST ODER DIE, DIE DICH "FETTE OMA" GENANNT HAT?
WIE WÄRE ES MIT ETWAS AUS DEM DISCOUNTER?
ICH GLAUBE, LUISA HÄTTE GERNE DAS ZUM GEBURTSTAG.
Distr. by Bulls
ICH WEISS ES, WEIL ICH MIR DIE SELBST GANZ, GANZ, GANZ, GANZ DOLL WÜNSCHE.
2509
www.babyblues.com
DAS IST SÜSS. DANN KAUFEN WIR SIE NATÜRLICH!
NUR EINE?
KIRKMAN & SCOTT
ICH FREU MICH SCHON AUF LUISAS GEBURTSTAG!
Distr. by Bulls
LUISA HAT GESAGT, DASS WIR IM POOL SCHWIMMEN, KUCHEN ESSEN UND SPIELE SPIELEN!
2510
www.babyblues.com
DAS MACHT DANN 29,94 EURO.
29 EURO?!
ISS VIEL KUCHEN!
KIRKMAN & SCOTT

MAMI, SPIELST DU BASE-BALL MIT UNS?
BASEBALL??
Distr. by Bulls
NUN, ICH KANN'S VERSU-CHEN, ABER ICH BIN NICHT SEHR SCHNELL.
SCHON OKAY. DU MUSST NICHT SCHNELL SEIN.
2511
www.babyblues.com
WAS SOLL ICH DENN SEIN … FÄNGER? SCHLÄGER? WERFER?
© 2002, BABY BLUES PARTNERSHIP DIST. BY KING FEATURES SYNDICATE 7-8
KIRKMAN & SCOTT
DIE SPIELFELD-BEGREN-ZUNG.

PAUL, WELCHEN TAG HABEN WIR HEUTE?
2512
Distr. by Bulls
PAUL?
HÖRST DU MICH?
ICH KANN DEN KALENDER VON HIER NICHT SEHEN!
www.babyblues.com
ICH MAG NICHT SCHON WIEDER AUFSTEHEN. KANN MIR JEMAND SAGEN, WEL-CHEN TAG WIR HEUTE HABEN?
© 2002, BABY BLUES PARTNERSHIP DIST. BY KING FEATURES SYNDICATE 7-9
KIRKMAN & SCOTT
DIENSTAG.

HI, BABS.
HI, YOLANDA.
Distr. by Bulls
NETTE SCHUHE.
MEINE?
www.babyblues.com
JA! SIND DIE NEU?
ICH WEISS NICHT …
2513
© 2002, BABY BLUES PARTNERSHIP DIST. BY KING FEATURES SYNDICATE 7-10
KIRKMAN & SCOTT
… KANNST DU SIE BESCHREIBEN?

HALT STILL. ICH HAB DEINE OHREN NOCH NICHT ...
2514
Distr. by Bulls
... UND DEINE NASE NOCH ... UND DEINE SCHULTERN ... UND DEINEN HALS ...
© 2002, BABY BLUES PARTNERSHIP DIST. BY KING FEATURES SYNDICATE 7-11
ES REICHT!
www.babyblues.com
WIESO CREMST DU IHN EIN? BEI EINEM SONNENBRAND SCHREIT ER GENAUSO.
KIRKMAN & SCOTT

WAS MACHST DU DA, MAMI?
YOGA.
2515
Distr. by Bulls
DAS SIND DEHNUNGS- UND ATMUNGSÜBUNGEN. ES IST SEHR ENTSPANNEND.
www.babyblues.com
KIRKMAN & SCOTT
© 2002, BABY BLUES PARTNERSHIP DIST. BY KING FEATURES SYNDICATE 7-12
OKAY! OKAY! ICH HAB MICH HINGEKNIET UND KOMME NICHT MEHR HOCH!
ICH HOL PAPI!

Z
Z
Distr. by Bulls
LECK
www.babyblues.com
LECK
2516
© 2002, BABY BLUES PARTNERSHIP DIST. BY KING FEATURES SYNDICATE 7-13
DU HATTEST UNRECHT. SIE WOLLEN IMMER NOCH KEINEN HUND.
MIST.
KIRKMAN & SCOTT

HALLO, SCHATZ.
HALLO.
Distr. by Bulls
WAS HAST DU HEUTE GEMACHT?
OH, NICHT VIEL ...
KIRKMAN & SCOTT
www.babyblues.com
... ICH HABE NUR EIN PAAR MILLIARDEN ZELLEN FÜR DAS NEUE LEBEN IN MEINER GEBÄRMUTTER PRODUZIERT.
2517
UND WAS HAST **DU** GEMACHT?
NUR WEIL ICH KEIN BABY BEKOMME, HEISST DAS NICHT, DASS MEINE ARBEIT NICHT WICHTIG IST!

HAST DU GESCHWOLLENE FÜSSE?
WIE ZWEI BROTLAIBE AM ENDE MEINER BEINE.
2518
UND SODBRENNEN?
KRÄMPFE?
RÜCKENSCHMERZEN?
WIE LAVA IN MEINER SPEISERÖHRE.
OH JA.
UNERTRÄGLICH.
Distr. by Bulls
www.babyblues.com
KIRKMAN & SCOTT
WENN DIE BESTE FREUNDIN GLEICHZEITIG SCHWANGER IST, HAT MAN NIEMANDEN MEHR, DER EINEN BEDAUERT.
WOW! UNSERE BEINE NEBENEINANDER SEHEN AUS WIE EINE STRASSENKARTE!

STÖHN
Distr. by Bulls
STÖHN
2519
KIRKMAN & SCOTT
www.babyblues.com
AHHHHHH!
WAS GIBT'S ZUM ABENDESSEN?

UAAH!
ICH DACHTE SCHON, DER FILM HÖRT NIEMALS AUF!
Distr. by Bulls
WIESO GEHEN WIR JEDES MAL HIERHER? DAS SIND DIE MIESESTEN SITZE IN DER GANZEN STADT.
EXIT
MEINER WAR OKAY.
212
MEIN RÜCKEN TUT WEH...MEINE BEINE SCHMERZEN...UND ICH WEISS NICHT, OB MEIN HINTERN JEMALS WIEDER AUFWACHT!
NIMM EIN PAAR ASPIRIN, WENN WIR ZU HAUSE SIND.
DE NIRO
CARRE
DEAD PARROT SOCIE
ASPIRIN?!
HA!
www.babyblues.com
BABS, DU WEISST NICHT, WAS SCHMERZEN SIND, BEVOR DU NICHT ZWEIEINHALB STUNDEN IN EINEM DURCHGESESSENEN KINOSESSEL VERBRACHT HAST!
SEI DU ERST MAL NEUN MONATE SCHWANGER.
ZWEIMAL

IST DAS ALLES BABY?
DA IST NOCH FRUCHTWASSER UND DIE PLAZENTA, ABER SONST IST ALLES BABY.
TÄTSCHEL TÄTSCHEL
Distr. by Bulls
www.babyblues.com
ALLES BABY, JA?
SONST NICHTS?
GANZ GENAU.
WORAUF WILLST DU HINAUS?
KIRKMAN & SCOTT
© 2002, BABY BLUES PARTNERSHIP DIST. BY KING FEATURES SYNDICATE 7-18
DA IST NICHT ZUFÄLLIG EINE GANZE PACKUNG VANILLEEIS, DIE GESTERN NOCH IM KÜHLFACH WAR?
DAS IST EINE ANDERE WÖLBUNG. DIE FINDEST DU HINTEN.
2520

OOOOOHHHH…
WAS IST DENN, SUSI?
2521
Distr. by Bulls
ICH … TIMMI … ALS DER … ICH HAB NICHT … UND DANN …
AAAAUGGHHH!
www.babyblues.com
KIRKMAN & SCOTT
© 2002, BABY BLUES PARTNERSHIP DIST. BY KING FEATURES SYNDICATE 7-19
DU BIST WOHL HEUTE IN TOPFORM?
ICH HAB GUT GEFRÜHSTÜCKT!

FINDEST DU, DASS ICH AUSSER AM BAUCH SONST NOCH GEWICHT ZUGELEGT HABE?
Distr. by Bulls
DA! EIN PTERODACTYLO!
www.babyblues.com
2522
© 2002, BABY BLUES PARTNERSHIP DIST. BY KING FEATURES SYNDICATE 7-20
ICH FASSE DAS ALS "VIELLEICHT" AUF.
KIRKMAN & SCOTT

MEINE GÜTE! BINI HAT IN EIN PAAR WOCHEN TERMIN!
Distr. by Bulls
© 2002, BABY BLUES PARTNERSHIP DIST. BY KING FEATURES SYNDICATE 7-22
2523
ICH RUFE SIE BESSER MAL AN UND FRAGE, WIE ES IHR GEHT.
BIEP BIEP
www.babyblues.com
WENN SIE KEINE WEHE SIND, WILL ICH NICHTS VON IHNEN HÖREN!
KIRKMAN & SCOTT
UND?
IHR GEHT'S GUT!

ICH WAR IMMER EIN MENSCH, DER SEIN LEBEN UNTER KONTROLLE HAT. JETZT KANN ICH NICHTS WEITER TUN, ALS HIER ZU SITZEN UND SCHWANGER ZU SEIN!
Distr. by Bulls
www.babyblues.com
ICH WAR GOURMETKÖCHIN, HABE DEKORIERT, TRAINIERT, IM GARTEN GEARBEITET ... ICH WAR PERFEKT.
OH, BINI. DU BIST IMMER NOCH PERFEKT.
© 2002, BABY BLUES PARTNERSHIP DIST. BY KING FEATURES SYNDICATE 7-23
2524
DU BIST SOGAR DREIEINHALBMAL SO PERFEKT WIE SONST.
DANKE. JETZT FÜHLE ICH MICH BESSER.
KIRKMAN & SCOTT

DIE BETTCHEN WARTEN ...
Distr. by Bulls
www.babyblues.com
2525
... DIE KLEIDCHEN WARTEN ...
© 2002 BABY BLUES PARTNERSHIP DIST. BY KING FEATURES SYNDICATE 7-24
... DIE WICKELKOMMODE WARTET ...
... MAMI WARTET ...!
DER NEUNTE MONAT IST IMMER DER LÄNGSTE, BINI.
KIRKMAN & SCOTT

WIE GEHT ES BOB UND BINI?
NICHT SO GUT. BINI IST SEHR UNGEDULDIG.
Distr. by Bulls
2526
SIE IST BEREIT FÜR DIE GEBURT, ABER IHR TERMIN IST ERST IN EIN PAAR WOCHEN.
www.babyblues.com
ICH HAB SIE NOCH NIE SO AUFGEREGT ERLEBT.
ICH SCHICKE EIN PAAR BLUMEN.
BIEP BIEP
© 2002, BABY BLUES PARTNERSHIP DIST. BY KING FEATURES SYNDICATE 7-25
DAS IST SÜSS! BINI WIRD DAS ZU SCHÄTZEN WISSEN.
DIE SIND FÜR BOB!
KIRKMAN & SCOTT

GAB ES HEUTE POST?
SIEBEN NEUE BABYKATALOGE UND DIE KREDITKARTENRECHNUNG.
Distr. by Bulls
NOCH **SIEBEN?** DAS MACHT 28 SEIT MONTAG!
ICH WEISS.
©2002, BABY BLUES PARTNERSHIP DIST. BY KING FEATURES SYNDICATE 7-26
DAS IST LÄCHERLICH!
WEM SAGST DU DAS?!
KIRKMAN & SCOTT
www.babyblues.com
2527
ICH KONNTE NUR AUS 25 KATALOGEN AUSSUCHEN.
WAS ERKLÄRT, WARUM DIE KREDITKARTENRECHNUNG IM KARTON KOMMT.

www.babyblues.com
ICH HAB DIR DOCH GESAGT, DAS IST BEQUEMER ALS DER SITZSACK!
7-27
KIRKMAN & SCOTT
©2002, BABY BLUES PARTNERSHIP DIST. BY KING FEATURES SYNDICATE
2528
Distr. by Bulls

ES IST EIN MÄDCHEN!
WAS? WO? WER IST EIN MÄDCHEN??
Distr. by Bulls
DAS BABY! ICH HAB SIE GERADE IM TRAUM GESEHEN!
SIE HATTE DUNKLES HAAR, LANGE WIMPERN UND EINE SÜSSE KLEINE NASE.
2529
www.babyblues.com
JEDES DETAIL WAR SO KLAR! SO DEUTLICH! SO UNGLAUBLICH REALISTISCH!
©2002, BABY BLUES PARTNERSHIP DIST. BY KING FEATURES SYNDICATE 7-29
DU WARST ÜBRIGENS EINE SCHILDKRÖTE.
WECK MICH, WENN DU WIEDER BEI VERSTAND BIST.
KIRKMAN & SCOTT

WAS MACHST DU DA, BABS?
ICH PIEKE IN DAS FLEISCH, UM ZU SEHEN, OB ES FRISCH IST.
Distr. by Bulls
JA. FRISCH UND SAFTIG.
2530
www.babyblues.com
KIRKMAN & SCOTT
SOLL ICH ES IN DEN WAGEN LEGEN?
NEIN. NIMM DAS UNTEN DRUNTER.
©2002, BABY BLUES PARTNERSHIP DIST. BY KING FEATURES SYNDICATE 7-30
ICH KAUFE NICHTS, WO JEMAND REINGEPIEKT HAT.

BABS, DU HAST GERADE IN DIESES FLEISCH GEPIEKT UND WILLST ES JETZT NICHT KAUFEN?
NATÜRLICH NICHT. ES HAT LAUTER DELLEN.
Distr. by Bulls
JA! VON DEINEN FINGERN!
2531
www.babyblues.com
©2002, BABY BLUES PARTNERSHIP DIST. BY KING FEATURES SYNDICATE 7-31
KIRKMAN & SCOTT
ICH WERDE DIESEN STREIT NICHT GEWINNEN, ODER?
JE LÄNGER DU REDEST, DESTO WEICHER WIRD DAS EIS.

Timmi und Ich
Kirkman & Scott 2-18
Distr. by Bulls
WO IMMER ICH BIN, DAHIN WILL AUCH TIM, "TIMMI" SO NENNEN WIR IHN. WAS ICH AUCH TU, ER SCHAUT MIR ZU. AUCH WENN ICH SAG, ER SOLL 'LEINE ZIEHEN'.
"WO WILLST DU HIN? WAS WOLL'N WIR MACHEN?" EGAL WO ICH BIN, HAB NICHTS ZU LACHEN. "LASS MICH IN RUH'" SCHREI ICH IHN AN, EGAL, WAS ICH TU, MEIN BRUDER BLEIBT DRAN!
ER SPIELT LIEBER MIT DEM LKW (AUF JEDEN FALL WAS MIT RÄDERN), DAS TUT MIR IN DER SEELE WEH, VIEL LIEBER WÜRD ICH MICH VERKLEIDEN, DOCH DAS MAG ER GAR NICHT LEIDEN.
EINMAL VERSCHÜTTETE ICH AUF DEM SOFA SAFT, ICH WUSSTE, DASS DAS MAMA SCHAFFT. NATÜRLICH SOLLTE ICH DAFÜR IN DIE ECKE, DOCH TIMMI ÜBERNAHM DIE STRAFE HELDENHAFT.
WO IMMER ICH BIN, DA IST AUCH TIM, VIELLEICHT SOLLTE ICH REBELLIEREN, ABER NEBEN ALL DEM KLAMMERN UND IGNORIEREN, GIBT ES SCHLIMMERE GABEN, ALS EINEN BRUDER ZU HABEN!
© 2001, BABY BLUES PARTNERSHIP DIST. BY KING FEATURES SYNDICATE 213
www.babyblues.com

ICH WEISS NICHT, BABS, ICH FINDE ES NICHT OKAY, IN DIE PACKUNG FLEISCH ZU PIEKEN UND SIE DANN NICHT ZU KAUFEN.
ICH VERSTEHE.
Distr. by Bulls
VIELLEICHT HAST DU RECHT. VIELLEICHT WAR ES NICHT OKAY.
2532
www.babyblues.com
VIELLEICHT SIND MEINE EINKAUFSGEWOHNHEITEN VERALTET. VIELLEICHT SOLLTE ICH WAS ÄNDERN.
KIRKMAN & SCOTT
ICH SOLLTE DAS GEMÜSE BESSER ALLEINE AUSSUCHEN.
SCHON GUT! NUR ZU!

HABEN WIR NOTIZZETTEL?
JA, HIER. WIESO?
2533
Distr. by Bulls
ICH WILL SCHREIBEN ÜBEN, DAMIT ICH NACH DEN FERIEN FIT BIN. DESHALB SCHREIBE ICH MEINE FERIENERLEBNISSE AUF.
www.babyblues.com
DAS IST EINE WUNDERBARE IDEE!
JA. ICH NENNE ES "MEINE FERIEN".
WIE SCHREIBT MAN "MEINE"?
KIRKMAN & SCOTT

Distr. by Bulls
2534
www.babyblues.com
KIRKMAN & SCOTT
ICH BIN FROH, WENN BINI ENDLICH IHRE ZWILLINGE HAT.
DAS SIND WIRKLICH STARKE WEHEN, DIE SIE DA HAT.

RUHST DU DICH AUS?
NICHT GANZ.
Distr. by Bulls
ICH BEREITE MICH DARAUF VOR, SUSIS ZIMMER AUFZURÄUMEN. ES SIEHT AUS, ALS HÄTTE SICH EIN SPIELZEUGLADEN ÜBERGEBEN.
www.babyblues.com
2535
HA! HA! DU IMMER MIT DEINEN ÜBERTREIBUNGEN. ICH REGLE DAS.
KIRKMAN & SCOTT
ICH GLAUBE, JETZT WIRD **MIR** SCHLECHT!
ICH SAG'S JA.

HALLO?
BABS? HIER IST BINI. MEINE WEHEN HABEN EINGESETZT!
Distr. by Bulls
2536
EHRLICH?
JA! WEISST DU, WAS DAS BEDEUTET?
www.babyblues.com
DASS DU BALD ZWEI KINDERN DAS LEBEN SCHENKST?
ICH MEINTE EIGENTLICH, DASS ICH BALD WIEDER IN MEINE JEANS PASSE, ABER OKAY ...
EINEN NETTEN DAMMSCHNITT, BINI.
BEEP!
KIRKMAN & SCOTT

BINI HAT WEHEN.
EHRLICH?
Distr. by Bulls
SIE SIND GERADE AUF DEM WEG INS KRANKENHAUS.
WOW, DA WIRD EINEM DIE SCHWANGERSCHAFT ERST SO RICHTIG BEWUSST, NICHT WAHR?
www.babyblues.com
UUF!
ARGH!
ÄCHZ!
UNH!
MANCHEN VON UNS IST DIE SCHWANGERSCHAFT SCHON LÄNGER BEWUSST.
2537 KIRKMAN & SCOTT

ICH MACHE TEE.
UM 2.00 UHR?
Distr. by Bulls
PAUL, UNSERE FREUNDIN BINI IST IM KRANKENHAUS UND BEKOMMT ZWILLINGE! WIE KANN ICH DA WIEDER INS BETT GEHEN?
www.babyblues.com
DU MACHST DIR SORGEN UM SIE, STIMMT'S?
NEIN, IHR GEHT'S GUT.
ABER ICH WILL DIE LETZTEN STUNDEN AUSKOSTEN, IN DENEN SIE DICKER IST ALS ICH.
2538
KIRKMAN & SCOTT

HALLO, BOB. DANKE DASS DU ANRUFST ... WIE GEHT'S BINI?
GANZ GUT, DENKE ICH.
2539
Distr. by Bulls
www.babyblues.com
SIE FÜHLT SICH UNBEHAGLICH, DESHALB IST ALLES ETWAS ANGESPANNT IM MOMENT.
DAS HEISST, DIE ANÄSTHESISTIN WEISS NICHT, OB SIE DIE SCHMERZMITTEL BINI ODER DEN SCHWESTERN GEBEN SOLL.
OOOOH! DIESE FRAU!
LD 1
LD 2
KIRKMAN & SCOTT

MORGEN.
BINI HAT IHRE BABYS.
Distr. by Bulls
WAS?? WANN??
VOR ETWA EINER STUNDE. ZWEI JUNGS, JEDER GERADE MAL 2.600 GRAMM. ALLEN GEHT'S GUT.
www.babyblues.com
DAS IST TOLL. ICH FREUE MICH FÜR SIE.
KIRKMAN & SCOTT
SOLLEN WIR BLUMEN SCHICKEN?
DREI JUNGS IN EINEM HAUS? WIR SOLLTEN LIEBER ESSEN SCHICKEN.
2540

KLOPF! KLOPF!
BABS! KOMM HER!
Distr. by Bulls
WOW! DIE ZIMMER SIND ABER HÜBSCHER GEWORDEN, SEIT ICH TIMMI ENTBUNDEN HABE!
2541
www.babyblues.com
DAS IST JA WIE IM HOTEL!
JA ...
... EIN HOTEL MIT WECKSERVICE ALLE ZWEI STUNDEN.
FÜTTERUNG!
©2002, BABY BLUES PARTNERSHIP DIST. BY KING FEATURES SYNDICATE 8-12
KIRKMAN & SCOTT

HAST DU SCHON MAL SO VIELE BLUMEN GESEHEN?
ICH GLAUBE NICHT. WO SOLLEN DIE HIN?
Distr. by Bulls
GIB SIE BOB. ER FINDET SCHON EINEN PLATZ.
2542
www.babyblues.com
OKAY ...
... ÄH ...
ER IST DER VIERTE STRAUSS VON RECHTS. DER MIT DEN SCHUHEN.
HI, BABS.
©2002, BABY BLUES PARTNERSHIP DIST. BY KING FEATURES SYNDICATE 8-13
KIRKMAN & SCOTT

WIE STILLST DU EIGENTLICH ZWEI BABYS AUF EINMAL, BINI?
ES GIBT VERSCHIEDENE TECHNIKEN.
DA WÄRE DER DOPPELWIEGEGRIFF, DIE AUSTRALIAHALTUNG UND DER DOPPELTE RÜCKENGRIFF.
2543
www.babyblues.com
Distr. by Bulls
WELCHE MAGST DU AM LIEBSTEN?
BIS JETZT NOCH KEINE. ICH VERSUCHE BEQUEM ZU SITZEN ...
... UND NICHT ZU MUHEN.
©2002, BABY BLUES PARTNERSHIP DIST. BY KING FEATURES SYNDICATE 8-14
KIRKMAN & SCOTT

2-25 214
Distr. by Bulls
www.babyblues.com
©2001, Baby Blues Partnership Dist. by King Features Syndicate
Kirkman & Scott
WUSSTET IHR EIGENTLICH, DASS EIN FUSSBALLTOR AUCH ZUM FUSSBALLSPIELEN BENUTZT WERDEN KANN?
DAS HÖRT SICH GAR NICHT LUSTIG AN!
BÄH!!

BINI, DIE BEIDEN SIND WUNDER-HÜBSCH!
DANKE.
Distr. by Bulls
HABT IHR SCHON NAMEN FÜR SIE?
NEIN, ABER WIR HABEN EINE KURZE LISTE DORT.
2544
www.babyblues.com
KIRKMAN & SCOTT
BINI, DAS SIND JA 200 NAMEN!
JA UND ICH DACHTE ERST, WIR KÖNNTEN SIE NIE KÜRZEN.

MÖCHTEST DU SIE MAL HALTEN, BABS?
DARF ICH?
OH, SIE SIND WUNDER-HÜBSCH! PLÖTZLICH WÜNSCHTE ICH MIR, ICH WÜRDE AUCH ZWILLINGE BEKOMMEN!
Distr. by Bulls
WÄÄÄÄÄÄH!
www.babyblues.com
2545
SCHON WIEDER VORBEI. TSCHAU.
KIRKMAN & SCOTT

DAS SIND DEINE NEUEN BRÜDER, BENNI.
DIE SIND GLEICH!
Distr. by Bulls
STIMMT! WENN ZWILLINGE GENAU GLEICH AUSSEHEN NENNT MAN SIE "EINEIIG".
www.babyblues.com
MIST!
2546
KIRKMAN & SCOTT
WAS?
ICH HATTE GEHOFFT, WIR KÖNNTEN SIE DICK UND DOOF NENNEN.

WENN DAS BABY DA IST, WILL ICH WIEDER IN FORM KOMMEN.
2547
Distr. by Bulls
ICH WILL ABNEHMEN … ICH WILL WIEDER FIT SEIN …
© 2002, BABY BLUES PARTNERSHIP DIST. BY KING FEATURES SYNDICATE 9-2
GRUNZ!
UFF!
STÖHN!
ÄCHZ!
AAARGH!
KIRKMAN & SCOTT
www.babyblues.com
ICH WILL WIEDER GERÄUSCHLOS AUFSTEHEN KÖNNEN.
ICH HABE KOMISCHE GERÄUSCHE GEHÖRT! IST ALLES IN ORDNUNG?

2548
Distr. by Bulls
www.babyblues.com
KIRKMAN & SCOTT
OKAY! ICH GEB AUF! WO BIST DU?
© 2002, BABY BLUES PARTNERSHIP DIST. BY KING FEATURES SYNDICATE 9-3
GUTES VERSTECK!
ICH BIN **KEIN** VERSTECK!

ICH HAB KEINEN SAUBEREN SCHLAFANZUG.
OH, STIMMT! ICH HAB VERGESSEN ZU WASCHEN!
2549
Distr. by Bulls
HIER, DU KANNST EINS VON MEINEN T-SHIRTS ANZIEHEN.
OKAY.
© 2002, BABY BLUES PARTNERSHIP DIST. BY KING FEATURES SYNDICATE 9-4
KIRKMAN & SCOTT
www.babyblues.com
PASST ES?
DIE LÄNGE IST GUT, ABER DER HALS IST EIN BISSCHEN ZU WEIT.

PAPA, SIEH MAL!
ICH HAB AUCH EINS!
Distr. by Bulls
NEUES SPIELZEUG?
SCHLECHTES GEWISSEN.
2550
www.babyblues.com
KIRKMAN & SCOTT
DIE KINDER WAREN MIT EINKAUFEN UND ICH WAR OHNE GRUND GEREIZT.
© 2002, BABY BLUES PARTNERSHIP DIST. BY KING FEATURES SYNDICATE 9-5
UND DIE ELEKTRISCHE ZAHNBÜRSTE?
FÜR DICH, WENN DU WEGEN DES SPIELZEUGS NICHT MECKERST.

SEIT IHR ANGEZOGEN UND BEREIT ZU GEHEN?
JA!
JA!
Distr. by Bulls
MOOOMENT MAL ...
HABT IHR UNTERHOSEN AN?
2551
www.babyblues.com
ZIP!
ZIP!
KIRKMAN & SCOTT
© 2002, BABY BLUES PARTNERSHIP DIST. BY KING FEATURES SYNDICATE 9-6
WOHER WUSSTE ICH DAS?
E.V.A. ... ELTERLICHE VORAHNUNG.

SEHT MAL, KINDER!
ICH NEHME DIESEN GRASHALM, LEGE IHN SO ZWISCHEN MEINE DAUMEN UND ...
Distr. by Bulls
www.babyblues.com
FFWIIIIIIIIIIIIIIEEK
KIRKMAN & SCOTT
2552
© 2002, BABY BLUES PARTNERSHIP DIST. BY KING FEATURES SYNDICATE 9-7
DAS HAST DU UNS LETZTE WOCHE SCHON GEZEIGT.
ICH FREUE MICH AUF DAS BABY ... FÜR DIE BEIDEN FÄLLT MIR NICHTS NEUES MEHR EIN!
WAS KANNST DU NOCH?

WIESO MÜSSEN WIR ZUR GEBURTSVORBEREITUNG? DU WEISST DOCH, WIE MAN EIN BABY KRIEGT.
Distr. by Bulls
SCHON, ABER ES IST DREI JAHRE HER. AUSSERDEM MACHT ES SPASS.
2553
www.babyblues.com
SIEH ES NICHT ALS PFLICHT ... SIEH ES ALS EINEN ABEND FÜR UNS ALLEIN.
© 2002, BABY BLUES PARTNERSHIP DIST. BY KING FEATURES SYNDICATE 9-9
IST ES NICHT SCHIZOPHREN, WENN ZWEI MENSCHEN ZUR GEBURTSVORBEREITUNG GEHEN, UM IHRE KINDER LOS ZU SEIN?
KIRKMAN & SCOTT

PAUL, WIR GEHEN ZUSAMMEN ZUR GEBURTSVORBEREITUNG, OB DU WILLST ODER NICHT.
Distr. by Bulls
www.babyblues.com
ER IST DONNERSTAGS UM SIEBEN. YOLANDA PASST AUF DIE KINDER AUF. ES MACHT SPASS UND IST INFORMATIV.
ENDE DER DISKUSSION.
2554
© 2002, BABY BLUES PARTNERSHIP DIST. BY KING FEATURES SYNDICATE 9-10
KIRKMAN & SCOTT
SPASS UND INFORMATIV, JA?
WENN ICH ÜBER KINDER INFORMIERT WERDEN WILL, BRAUCHE ICH BLOSS IM WOHNZIMMER ÜBER EINES MEINER EIGENEN ZU STOLPERN ...
DAS HÄTTE ICH SAGEN SOLLEN!
DAS HAB ICH GEHÖRT!

HALLO! ICH BIN SILVIA, IHRE HEBAMME. SIE MÜSSEN DIE MEIERS SEIN!
HI.
Geburtsvorbereitung
Distr. by Bulls
WOW ... HIER SIND ALLE SO JUNG!
KEINE SORGE. DIE GRUPPE IST GUT.
www.babyblues.com
ES IST MIR EINE EHRE, EIN PAAR MIT SOLCH IMMENS GROSSER ERFAHRUNG HIER ZU HABEN!
2555
© 2002, BABY BLUES PARTNERSHIP DIST. BY KING FEATURES SYNDICATE 9-11
ICH FÜHL MICH PLÖTZLICH SO ALT.
SAGEN SIE ZU EINER FRAU IN UMSTANDSKLEIDERN NIE „IMMENS GROSS".
KIRKMAN & SCOTT

WAS PAUL SAGEN WOLLTE IST, DASS MAN DAS PROBLEM BEREITS SEIT JAHRZEHNTEN HÄTTE BEHEBEN KÖNNEN. ABER NICHTS IST GESCHEHEN!
RICHTIG!
DAS PROBLEM SIND AL O NICHT MANGELNDE RESSOURCEN, SONDERN DIE VERTEILUNG DER BEREITS VORHANDENEN.
GENAU. DIE LEHRER MÜSSTEN EINFACH NUR MEHR BEFUGNISSE ERHALTEN.
MACHT SINN.
UH-HUH.
Bei einem Kind ist nicht das Gießen wichtig, sondern das Düngen.
215
Distr. by Bulls
DAS IST WUNDERVOLL, PAUL! IST DAS VON SHAKESPEARE?
ARISTOTELES?
TWAIN?
CHURCHILL?
VOLTAIRE?
ED FINSTER. WELTRAUMRATTEN. FOLGE 6.412.
WAS DENN?? ES WAR EIN GUTER SPRUCH!
JA, ABER WENN DU MÖCHTEST, DASS DIE MENSCHEN DICH ERNST NEHMEN, SOLLTEST DU NICHT RUMLAUFEN UND COMICFIGUREN ZITIEREN.
KIRKMAN & SCOTT

BEKOMMEN SIE WIRKLICH IHR DRITTES BABY?
JA.
Distr. by Bulls
DANN HABEN SIE DREI KINDER UNTER SIEBEN JAHREN?
UH-HUH.
2556
www.babyblues.com
WOW ... DREI KLEIN-KINDER.
KIRKMAN & SCOTT
© 2002, BABY BLUES PARTNERSHIP DIST. BY KING FEATURES SYNDICATE 9-12
DAS MUSS WIE IN EINER SITCOM SEIN!
JA, NUR OHNE DIE LACHER VOM BAND UND DAS GELD.

MMMMMMMM ...
SILVIA?
Distr. by Bulls
... MMMMMMM
JA, PAUL.
ICH HABE PROBLEME BEI DER RÜCKEN-MASSAGE.
www.babyblues.com
EINE GUTE POSITION ... KNIE SIND IN HÜFTHÖHE ... HÄNDE NACH INNEN ...
... MMMMM
2557
© 2002, BABY BLUES PARTNERSHIP DIST. BY KING FEATURES SYNDICATE 9-13
KIRKMAN & SCOTT
WO IST DAS PROBLEM?
IMMER WENN ICH AUFHÖRE, KNURRT SIE MICH AN.
GRRRRR

DAS WAR TOLL!
107
JA.
KIRKMAN & SCOTT
Distr. by Bulls
ES WAR SCHÖN, EINE STUNDE NUR MIT MASSAGEN UND ENTSPANNUNGSÜBUNGEN ZU VERBRINGEN.
HMMMM ...
www.babyblues.com
2558
© 2002, BABY BLUES PARTNERSHIP DIST. BY KING FEATURES SYNDICATE 9-14
ES ERINNERT MICH AN DIE ZEIT OHNE KINDER.
ES ERINNERT MICH DARAN, WIE WIR ZU DEN KINDERN GEKOMMEN SIND.

ICH WEISS NOCH GAR NICHT, WIE EURE ZWILLINGE HEISSEN.
WIR HABEN UNS NOCH NICHT ENTSCHIEDEN.
Distr. by Bulls
WAS??
NICHTS KLANG BISHER RICHTIG GUT. WIR WOLLTEN ES NICHT ÜBERSTÜRZEN.
2559
IM MOMENT NENNEN WIR SIE EINFACH NACH DER FARBE IHRER ARMBÄNDER.
www.babyblues.com
KIRKMAN & SCOTT
DU NENNST DEINE KINDER LILA UND GRÜN?!
ICH BE VORZUGE LAVENDEL UND MINT.

BINI, WIESO DARFST DU MIT DEN BABYS GEHEN, OBWOHL SIE KEINE NAMEN HABEN?
ICH SAGTE, DASS WIR UNS NOCH NICHT ENTSCHIEDEN HABEN UND BESCHEID GEBEN.
Distr. by Bulls
EHRLICH?
SIE SAGEN IMMER, DASS MAN OHNE GEBURTSURKUNDE NICHT GEHEN DARF, ABER DAS STIMMT NICHT.
NNH! NNH!
www.babyblues.com
ICH HABE DAS GEGLAUBT.
JA ...
... ICH DACHTE MIR, DASS ES EINE ERKLÄRUNG FÜR "TIMMI" GIBT.
2560
KIRKMAN & SCOTT

EIGENTLICH LASSEN WIR UNS BEI DER NAMENSGEBUNG VON DER NACHT DER ZEUGUNG INSPIRIEREN.
INTERESSANT.
Distr. by Bulls
Z Z
IN DER NACHT, ALS ICH ZUM ERSTEN MAL SCHWANGER WURDE, HABEN WIR "BEN HUR" GESEHEN. ALSO NANNTEN WIR UNSER BABY BENNI.
WIE AUFREGEND.
KIRKMAN & SCOTT
2561
www.babyblues.com
ABER DIESMAL GEHT ES NICHT.
WIESO? WELCHEN FILM HABT IHR GESEHEN?
Z Z
"DUMM UND DÜMMER".
UUH.
Z Z

ICH HABE HEUTE BINIS ZWILLINGE GESEHEN.
MM.
2562
Distr. by Bulls
SIE UND BOB HABEN NOCH KEINE NAMEN FÜR DIE BEIDEN.
MM.
www.babyblues.com
IM MOMENT NENNEN SIE SIE NACH DEN FARBEN IHRER KRANKENHAUSARMBÄNDER ... "LAVENDEL" UND "MINT".
WAS??
© 2002, BABY BLUES PARTNERSHIP DIST. BY KING FEATURES SYNDICATE 9-19
ERZÄHL MIR NICHTS MEHR VON BOB UND BINI, WÄHREND ICH VERSUCHE ZU ENTSPANNEN, JA?
OH! VERSPANNUNGEN.
KIRKMAN & SCOTT

WIE WAR'S IN DER SPIELGRUPPE, KLEINER?
ICH BIN NICHT MEHR IN DER SPIELGRUPPE! ICH BIN IM **KINDERGARTEN!**
Distr. by Bulls
DAS IST DAS GLEICHE.
IST ES **NICHT!**
www.babyblues.com
WAS HAST DU IN DER SPIELGRUPPE GEMACHT?
BILDER GEMALT UND GESPIELT.
UND WAS MACHST DU IM KINDERGARTEN?
BILDER MALEN UND SPIELEN.
2563
© 2002, BABY BLUES PARTNERSHIP DIST. BY KING FEATURES SYNDICATE 9-20
ICH SAG'S JA.
ABER DIE BILDER SIND JETZT VIEL **SCHWERER!**
KIRKMAN & SCOTT

ICH BIN SOOO MÜDE!
HARTER KINDERGARTENTAG?
Distr. by Bulls
JA.
NICHTS.
WAS HAST DU GEMACHT?
www.babyblues.com
2564
© 2002, BABY BLUES PARTNERSHIP DIST. BY KING FEATURES SYNDICATE 9-21
ABER DAS DEN **GANZEN** TAG LANG!
KIRKMAN & SCOTT

HI, SUSI.
HI, PAPS.
KIRKMAN & SCOTT
2565
Distr. by Bulls
www.babyblues.com
© 2002, BABY BLUES PARTNERSHIP DIST. BY KING FEATURES SYNDICATE 9-23
HI, TIMMI.
HI, PAPI.
JUNGS SIND WIRKLICH GANZ ANDERS ALS MÄDCHEN, ODER?
ICH KANN VON HIER BIS ZUR SPÜLMASCHINE SPRINGEN. WILLST DU'S SEHEN?

VIELLEICHT IRRE ICH MICH, ABER ICH FINDE, TIMMI WIRD IN LETZTER ZEIT IMMER WILDER.
2566
Distr. by Bulls
www.babyblues.com
AHHH-EEE-AHHHH-EEEE-AHHHHH!
© 2002, BABY BLUES PARTNERSHIP DIST. BY KING FEATURES SYNDICATE 9-24
WIE KOMMST DU DARAUF?
LASS DAS VERLÄNGE-RUNGSKABEL LOS UND ZIEH DEINE HOSE WIEDER AN!
KIRKMAN & SCOTT

TIMMI VERLIERT IMMER MEHR DAS BABYHAFTE.
Distr. by Bulls
ER WIRD JEDEN TAG STÄRKER UND SELBST-SICHERER.
ES IST RICHTIG AUF-REGEND ...
2567
www.babyblues.com
AAAAAAHHH!
© 2002, BABY BLUES PARTNERSHIP DIST. BY KING FEATURES SYNDICATE 9-25
... AUF EINE ERSCHRE-CKENDE ART.
WEHE, DU SCHLEPPST DEINE SCHWESTER WIEDER IN DEN GARTEN!
KIRKMAN & SCOTT

Hallo Action-Man! Ich bin Barbie!
HALLO BARBIE. EIN TOLLES KLEID HAST DU DA AN!
Distr. by Bulls
Oh, danke Action-Man! Möchtest Du es auch mal anprobieren?
KLAR!
216
TOLL! ES SITZT PERFEKT! HAST DU AUCH PASSENDE SCHUHE DAZU?
Oh ja!
HE!!
WOW! ICH LIEBE DIE-SEN HUT. ICH BRAU-CHE NOCH LIPPEN-STIFT!
MÖCH-TEST DU SCHWIM-MEN, BARBIE?
KLATSCH! KLATSCH! KLATSCH!
PASS AUF DAS WILDE KÄNGURU AUF, BAR-BIE!
MMM! STEHT MIR DIE-SE RO-SA UN-TERHOSE NICHT WUN-DERBAR?
www.babyblues.com
DAS MACHT SPASS! KOMM. LASS UNS NOCH MEHR PUPPEN HOLEN!
JAA!
ICH WILL DICH JA NICHT BEUNRUHIGEN, ABER BARBIE HAT EINEN DREI-TAGE-BART UND ACTION-MAN WACHSEN BRÜSTE.
KIRKMAN & SCOTT

Distr. by Bulls
KIRKMAN & SCOTT
ICH BIN GERADE 60 SEKUNDEN ZUHAUSE UND SCHON MÜDE.
MULTIPLIZIERE DAS MIT 180 MINUTEN UND DU HAST EINE VORSTELLUNG DAVON, WIE DER NACHMITTAG WAR.
www.babyblues.com
2568

HERR DAUS!
HERR DAUS!
HERR DAUS!
Distr. by Bulls
SUSI, DAS IST EIN KLEINES KLASSENZIMMER. ICH KANN DICH SEHEN.
www.babyblues.com
WENN DU MÖCHTEST, DASS ICH DICH DRANNEHME, BRAUCHST DU NUR DEINE HAND ZU HEBEN. ES IST NICHT NÖTIG, ZUSÄTZLICH ZU RUFEN.
ICH WEISS NICHT, OB DAS GEHT ...
2569
... MEINE HÄNDE UND MEIN MUND ARBEITEN IRGENDWIE ZUSAMMEN.
KIRKMAN & SCOTT

WO IST TIMMI?
ER SPIELT MIT BAUKLÖTZEN.
Distr. by Bulls
www.babyblues.com
2570
GUT. SELBST TIMMI KANN MIT BAUKLÖTZEN NICHTS SCHLIMMES ANSTELLEN.
KIRKMAN & SCOTT
WENN DU MEINST.

WERDENDE MUTTER?
JA.
BIEP! BIEP!
Distr. by Bulls
IHR ERSTES?
MEIN DRITTES.
UND DER TERMIN?
26. OKTOBER.
BIEP!
2571
www.babyblues.com
JUNGE ODER MÄDCHEN?
WISSEN WIR NICHT.
BIEP! BIEP!
© 2002, BABY BLUES PARTNERSHIP DIST. BY KING FEATURES SYNDICATE 9-30
SPONTANGEBURT ODER KAISER-SCHNITT?
KENNEN WIR UNS??
BIEP!
KIRKMAN & SCOTT

SUSI! HÄNG NICHT SO DA! SITZ GERADE AM TISCH WIE EINE DAME!!
Distr. by Bulls
www.babyblues.com
MACH ICH DOCH! DA!
TUST DU NICHT! DU ... WAS?
OH.
© 2002, BABY BLUES PARTNERSHIP DIST. BY KING FEATURES SYNDICATE 10-1
SCHWANGERE DAMEN ZÄHLEN NICHT.
ZÄHLEN BEI WAS NICHT?
KIRKMAN & SCOTT
2572

WENN MAN SCHWANGER IST, MERKT MAN ERST, WIE NEUGIERIG UND SCHAMLOS MENSCHEN SEIN KÖNNEN.
Distr. by Bulls
www.babyblues.com
IM SUPERMARKT FRAGTE MICH HEUTE EINE FRAU, OB ICH STILLEN WERDE, EINE ANDERE WOLLTE MEINEN BAUCH ANFASSEN UND DER KASSIERER WOLLTE WISSEN, OB ICH EINE SPONTANGEBURT ODER EINEN KAISERSCHNITT HABEN WERDE!
KIRKMAN & SCOTT
2573
© 2002, BABY BLUES PARTNERSHIP DIST. BY KING FEATURES SYNDICATE 10-2
WAS IST AUS DER PRIVATSPHÄRE GEWORDEN??
REG DICH NICHT AUF! DAS MACHT DEINE HÄMORRHOIDEN DOCH NUR SCHLIMMER.

ICH HABE ES SATT, DASS MICH FREMDE WIE IN EINER FREAKSHOW BEHANDELN!
NUR WEIL ICH SCHWANGER BIN, DÜRFEN DIE MENSCHEN NICHT EINFACH ANKOMMEN UND MIR PERSÖNLICHE UND PEINLICHE FRAGEN STELLEN!
TSCHULDIGUNG ...
ICH BIN IM ACHTEN MONAT, ES IST MEIN DRITTES KIND, JA, ICH WERDE STILLEN UND NEIN, DIE SCHWANGERSCHAFTSSTREIFEN GEHEN NIE MEHR WEG! WOLLEN SIE NOCH WAS WISSEN???
EIGENTLICH WOLLTE ICH NUR DEN BRIEF EINWERFEN, ABER ICH HAB'S MIR ANDERS ÜBERLEGT.
Distr. by Bulls
www.babyblues.com
2574

WAS MACHST DU DA, TIMMI?
EINE KARTE FÜR MEINE ERZIEHERIN.
WIR HABEN EINEN REKORD AUFGESTELLT.
EINEN REKORD? WELCHE ART VON REKORD?
ALS DIE ERZIEHERIN DIE GRUPPE ENDLICH ZUR RUHE GEBRACHT HATTE, WAR DER KINDERGARTEN VORBEI.
JETZT SCHREIB: "ICH HOFFE, DAS KOPFWEH GEHT WEG. GRUSS TIMMI".
Distr. by Bulls
www.babyblues.com
2575

©2002, BABY BLUES PARTNERSHIP DIST. BY KING FEATURES SYNDICATE
www.babyblues.com
Distr. by Bulls
GESUNDHEIT.
schnief
2576

DU HAST ZWEI UNTERSCHIED-LICHE SCHUHE AN.
HAB ICH??
NA, TOLL!
© 2002, BABY BLUES PARTNERSHIP DIST. BY KING FEATURES SYNDICATE 10-7
2577
JETZT IST ES OFFIZIELL!
ICH BIN AM BODEN!
KIRKMAN & SCOTT
www.babyblues.com
Distr. by Bulls
ICH LAUFE IN UMSTANDSKLEIDERN HE-RUM UND TRAGE ZWEI VERSCHIEDENE SCHUHE ... ICH MEINE, WAS KÖNNTE DENN NOCH PEINLICHER SEIN ALS DAS??
ES SIND ZWEI LINKE SCHUHE!

ICH HAB'S SATT, SCHWANGER ZU SEIN. ICH BIN BEREIT FÜR DAS BABY.
www.babyblues.com
Distr. by Bulls
ICH BIN WIRKLICH, WIRKLICH, WIRKLICH, WIRKLICH, WIRK-LICH, WIRKLICH, WIRKLICH, WIRKLICH, WIRKLICH BEREIT.
KANN ICH IRGEND-WIE HELFEN?
© 2002, BABY BLUES PARTNERSHIP DIST. BY KING FEATURES SYNDICATE 10-8
KANNST DU EINE ZEITMA-SCHINE BAUEN, DIE MICH SOFORT ZU MEINEM TERMIN TRANSPOR-TIERT?
NEIN, ABER ICH KANN DIR EIN SAHNEEIS MIT NÜSSEN BRINGEN.
2578
DU BIST ZWAR KEIN WISSEN-SCHAFTLICHES GENIE, ABER TROTZDEM HILFREICH.
ICH GEBE MEIN BESTES ...
KIRKMAN & SCOTT

ICH WERDE DIESES BABY NIEMALS BEKOMMEN!
2579
Distr. by Bulls
MEIN TERMIN WIRD VER-GEHEN UND ICH WERDE IMMER NOCH SCHWANGER SEIN!
SUSI UND TIMMI WERDEN DIE SCHULE BEEN-DEN, HEIRATEN, EINE FAMILIE GRÜNDEN UND ICH WERDE IMMER NOCH SCHWANGER SEIN!
www.babyblues.com
GLETSCHER WERDEN SCHMELZEN, BERGE ENTSTEHEN UND VER-GEHEN UND ICH WERDE **IMMER NOCH SCHWANGER SEIN!!**
KIRKMAN & SCOTT
© 2002, BABY BLUES PARTNERSHIP DIST. BY KING FEATURES SYNDICATE 10-9
MAMI IST OKAY, TIMMI. SIE IST NUR AUFGEREGT WEGEN DES BABYS.
JA, EINE WOCHE BEVOR DU KAMST, MUSS-TEN WIR OHREN-SCHÜTZER TRAGEN.

PAUL?
MFGLB?
WÜRDEST DU MIR EIN GLAS WASSER HOLEN?
ÄH...JA. KLAR... OKAY.
AU!
AUTSCH! AUTSCH!
JAUL!
AU! AU! AU! AU!
AUTSCH!
AU! UUH!
AAGHK!
NFVH!
NÄCHSTES MAL HOLST DU DIR DEIN WASSER BESSER SELBST.
UND NÄCHSTES MAL RÄUMST DU DAS LEGO DER KINDER BESSER AUF, WENN DU ES VERSPRICHST.
Distr. by Bulls

KAMILLA! DAS IST EIN SCHÖNER NAME! ICH SCHREIBE IHN AUF MEINE NAMENSLISTE.
DU HAST EINE LISTE?
Distr. by Bulls
KLAR! EINE FÜR MÄDCHEN- UND EINE FÜR JUNGENNAMEN.
2580
www.babyblues.com
UND JEDE LISTE HAT EINE UNTERKATEGORIE FÜR NAMEN, DIE GUT ZU BESTIMMTEN MERKMALEN WIE "HAARFARBE", "AUGENFARBE", "VOLLE LIPPEN", "STUPSNASE", USW. PASSEN.
KIRKMAN & SCOTT
© 2002, BABY BLUES PARTNERSHIP DIST. BY KING FEATURES SYNDICATE 10-10
DIE WOHNUNG MAG EIN CHAOS SEIN, ABER MEIN GEHIRN IST TOTAL ORGANISIERT.

Z
2581
Distr. by Bulls
KICK!
AAAAAAGH!
www.babyblues.com
KIRKMAN & SCOTT
© 2002, BABY BLUES PARTNERSHIP DIST. BY KING FEATURES SYNDICATE 10-11
TSCHULDIGUNG. DIESE PLÖTZLICHEN WADENKRÄMPFE SIND NERVIG.
ES MUSS SCHLIMM FÜR DICH SEIN!

MAMI, HABEN WIR SCHON MAL EINE STRETCHLIMO MIT WHIRLPOOL GEMIETET?
ÄH, NEIN.
Distr. by Bulls
www.babyblues.com
KIRKMAN & SCOTT
BIST DU SICHER?
JA. ICH DENKE, DARAN WÜRDE ICH MICH SONST ERINNERN.
© 2002, BABY BLUES PARTNERSHIP DIST. BY KING FEATURES SYNDICATE 10-12
SIEHST DU?? ICH SAG DOCH, WIR SIND ARM!
2582

WAS TUST DU DA, BABS?
KRACH KRACH ICH KANN NICHT SCHLAFEN.
Distr. by Bulls
www.babyblues.com
KRACH KRACH
LIEGE ICH AUF DEM RÜCKEN, BEKOMME ICH SODBRENNEN, LIEGE AUF DER SEITE, BEKOMME ICH KEINE LUFT. LEHNE ICH MICH GEGEN DAS KISSEN, TUT MEIN HALS WEH.
2583
© 2002, BABY BLUES PARTNERSHIP DIST. BY KING FEATURES SYNDICATE 10-14
ALSO STELLST DU DICH NEBEN DEINEN SCHLAFENDEN MANN UND ISST KNUSPERFLAKES?
KRACH! KRACH! KRACH! ES GEHT IMMER NUR UM DICH, ODER?
2:03
KIRKMAN & SCOTT

ICH KANN EINFACH NICHT FASSEN, WIE ÄHNLICH SICH DIE BEIDEN SEHEN, BINI!
ICH WEISS. SÜSS, NICHT?
Distr. by Bulls
www.babyblues.com
SIE BEKOMMEN DEN GLEICHEN HAARSCHNITT, GLEICHE KLEIDUNG, GLEICHE SPIELSACHEN, GLEICHE HAUSTIERE ...
IN IHREM LEBEN WIRD ALLES PERFEKT KOORDINIERT SEIN!
2584
KIRKMAN & SCOTT
© 2002, BABY BLUES PARTNERSHIP DIST. BY KING FEATURES SYNDICATE 10-15
EINSCHLIESSLICH DER RECHNUNGEN VOM PSYCHIATER.
ICH FRAGE MICH, WO ES IDENTISCHE GOLDFISCHE GIBT?

BABS UND ICH HABEN BESCHLOSSEN, DASS SIE AUF LEA AUFPASST, WENN ICH WEHEN BEKOMME.
... UND WENN ICH ZUERST WEHEN HABE, PASST SIE AUF SUSI UND TIMMI AUF, SO LANGE ICH IM KRANKENHAUS BIN.
GUTE IDEE.
Distr. by Bulls
www.babyblues.com
© 2002, BABY BLUES PARTNERSHIP DIST. BY KING FEATURES SYNDICATE 10-16
KIRKMAN & SCOTT
UH-OH ... ICH GLAUBE, ES GEHT LOS!
2585

ICH PACKE DEINE TASCHE INS AUTO, DU RUFST YOLANDA AN UND SAGST, DASS WIR DIE KINDER AUF DEM WEG ZUM KRANKENHAUS BEI IHR VORBEIBRINGEN!
Distr. by Bulls
WAS IST?
YOLANDAS TELEFON IST BESETZT!
BESETZT?! ES IST ZWEI UHR MORGENS, WIE KANN ES DA BESETZT SEIN??
2586

PAUL??
TOM??
Distr. by Bulls
WAS TUST DU HIER?? WIR HABEN VERSUCHT ANZURUFEN!
2587
BABS
YOLANDA
HAT WEHEN!!
OH-OH.

OKAY, MAL IN RUHE ÜBERLEGEN ...
Distr. by Bulls
BABS UND YOLANDA HABEN WEHEN.
GENAU.
ALSO HAT KEINER VON UNS JEMANDEN, DER AUF DIE KINDER AUFPASST.
GENAU.
DANN MÜSSEN WIR ZU PLAN "B" SCHREITEN!
GENAU! PLAN "B"!
2588
WIESO HAT MIR NIEMAND GESAGT, DASS ICH PLAN "B" BIN?

OKAY, WIR HABEN DIE MUSIK, DIE KISSEN, DIE THERMOSFLASCHE, DEN TENNISBALL FÜR DIE RÜCKENMASSAGE UND SNACKS FÜR MICH.
Distr. by Bulls
www.babyblues.com
2589
WOW! DIESMAL HABE ICH NICHTS VERGESSEN!
NACH EIN PAAR KINDERN WIRD SO EINE GEBURT DIE REINSTE ROUTINE.
KIRKMAN & SCOTT

MÄDCHEN.
JUNGE.
MÄDCHEN.
JUNGE.
KIRKMAN & SCOTT
Distr. by Bulls
ICH HABE RECHT UND DU WEISST ES.
ICH HABE RECHT UND DU WEISST ES.
2590
www.babyblues.com
BIST DU SICHER?
WILLST DU WETTEN?
GANZ SICHER!
MACH DEINEN EINSATZ!!
DER VERLIERER MUSS DIE GANZE ERSTE WOCHE WICKELN!
NA JA, EIGENTLICH FÜHLT ES SICH DOCH WIE EIN MÄDCHEN AN ...

HALLO, ICH BIN DR. HERTZ, DER ANÄSTHESIST. BRAUCHEN SIE SCHON WAS GEGEN DIE SCHMERZEN?
NEIN. IM MOMENT GEHT'S!
2591
Distr. by Bulls
GUT. DANN KOMME ICH SPÄTER WIEDER NACHSEHEN.
OKAY.
www.babyblues.com
KIRKMAN & SCOTT
... VORAUSGESETZT, SIE LASSEN MEIN STETHOSKOP LOS.
DEFINIEREN SIE "SPÄTER"!

ICH WARTE AUF MEINEN KUSS, REIZENDER PRINZ!
IST DIR AUFGEFALLEN, DASS SIE NIE **PRINZESSIN** REIZENDE RUFT?
VORSICHT, MEIN LIEBER...
ICH WARTE! ICH WERDE SCHLIESSLICH AUCH NICHT JÜNGER!

DA KOMMT WIEDER EINE WEHE!
OKAY ... DRÜCK MEINE HAND!
UNNNGGGGAAARRRGHHH!
PUUH! DIE WAR HART!
ALLERDINGS!
Distr. by Bulls
www.babyblues.com
2592
KIRKMAN & SCOTT
© 2002, BABY BLUES PARTNERSHIP DIST. BY KING FEATURES SYNDICATE

SIE MACHEN DAS TOLL.
HECHEL! OKAY, SAGEN SIE DR. HERTZ, ICH HÄTTE JETZT GERNE SCHMERZMITTEL.
Distr. by Bulls
OH, NEIN ... WIR HABEN KEINE ZEIT. DAS BABY IST JA FAST DA.
KEINE SCHMERZMITTEL? KEINE SCHMERZMITTEL??
2593
www.babyblues.com
SAGTEN SIE "KEINE SCHMERZMITTEL"??
GILT DAS AUCH FÜR MICH ODER NUR FÜR SIE?
© 2002, BABY BLUES PARTNERSHIP DIST. BY KING FEATURES SYNDICATE
KIRKMAN & SCOTT

A-A-A-I-I-I-C-C-C-H-H-W-U-U-U-S-S-S-S-T-T-E-E-E-E-S!
GUT, BABS! FAST GESCHAFFT ...
Distr. by Bulls
ES IST EIN MÄDCHEN!
2594
www.babyblues.com
© 2002, BABY BLUES PARTNERSHIP DIST. BY KING FEATURES SYNDICATE
IST SIE IMMER SO GEWINNSÜCHTIG?
NUR WENN SIE WEISS, DASS SIE RECHT HAT.
HALLO. ICH HAB SCHON AUF DICH GEWARTET.
KIRKMAN & SCOTT

ANNA??
ANNA.
WIE ANNA STUART?
JA. WIE DIE ENGLISCHE KÖNIGIN.
ANNA! ANNA, LEG DAS HIN! ANNA, HEB DIE SPIELSACHEN AUF! ISS DEINE SUPPE, ANNA!
KURZ, SÜSS UND EIGNET SICH ZUM BRÜLLEN.
HALLO, ANNA.
2595
Distr. by Bulls
www.babyblues.com
© 2002, BABY BLUES PARTNERSHIP DIST. BY KING FEATURES SYNDICATE 10-28
KIRKMAN & SCOTT

ANNA MEIER.
ANNA. GEFÄLLT MIR.
SO FREUNDLICH. SO LYRISCH.
WIE BIST DU AUF SO EINEN ELEGANTEN NAMEN GEKOMMEN?
ER FIEL MIR BEIM UNTERSCHREIBEN EINER ANNAHME-BESTÄTIGUNG EIN.
2596
Distr. by Bulls
www.babyblues.com
KIRKMAN & SCOTT
© 2002, BABY BLUES PARTNERSHIP DIST. BY KING FEATURES SYNDICATE 10-29

ICH HABE GERADE TOM IN DER CAFETERIA GETROFFEN. ER SAGT, YOLANDA LIEGT NOCH IN DEN WEHEN.
NOCH IN DEN WEHEN??
JA. SEIT SIEBENUNDZWANZIG STUNDEN.
DAS IST JA SCHLIMM! WIE FURCHTBAR!
ICH WEISS.
UND FÜR YOLANDA IST ES BESTIMMT AUCH HART.
Distr. by Bulls
www.babyblues.com
© 2002, BABY BLUES PARTNERSHIP DIST. BY KING FEATURES SYNDICATE 10-30
KIRKMAN & SCOTT
2597

OOOOHHHH! SIE SIEHT AUS WIE DU!
2598
Distr. by Bulls
SIE HAT PAULS MUND UND AUGEN, ABER **DEINE** NASE!
www.babyblues.com
KIRKMAN & SCOTT
© 2002, BABY BLUES PARTNERSHIP DIST. BY KING FEATURES SYNDICATE 10-21
... GOTT SEI DANK!
DAS HAB ICH GEHÖRT!

GRUNZ!
UURF! UUF!
2599
KINDER SITZ für Babys
Distr. by Bulls
AAAAARGH! MMMFT! **URK!**
KINDER SITZ für Babys
www.babyblues.com
UNNNNNNGH! AU! AAAAGH!
KINDER SITZ für Babys
© 2002, BABY BLUES PARTNERSHIP DIST. BY KING FEATURES SYNDICATE 11-1
KIRKMAN & SCOTT
WERDE ICH ALT ODER WERDEN DIESE SITZE IMMER KOMPLIZIERTER?
ICH GLAUBE, DAS ERSTE!
ICH AUCH!

KOMMT, KINDER! WIR MÜSSEN DAS HAUS HEUTE ABEND AUFRÄUMEN!
WIESO?
2600
Distr. by Bulls
WEIL OMA MORGEN KOMMT!
WIESO?
www.babyblues.com
UM MAMI ZU HELFEN.
WOBEI?
BEIM AUFRÄUMEN ...
KIRKMAN & SCOTT
© 2002, BABY BLUES PARTNERSHIP DIST. BY KING FEATURES SYNDICATE 11-2
FÜR EINE SECHSJÄHRIGE BIST DU GANZ SCHÖN SCHLAU.
MAMI NENNT ES "FAUL"!

KÖNNEN WIR?
ICH DENKE SCHON.
Distr. by Bulls
www.babyblues.com
2601
HURRA! EIN MÄDCHEN!
© 2002, BABY BLUES PARTNERSHIP DIST. BY KING FEATURES SYNDICATE 11-4
DU KÖNNTEST AUCH ZWEIMAL GEHEN!
ICH HAB'S!
HURRA! EIN MÄDCHEN!
KIRKMAN & SCOTT

UND HIER IST ANNA AUF DEM WEG VOM KRANKENHAUS NACH HAUSE ....
GENUG GEFILMT, OKAY, PAUL?
Distr. by Bulls
www.babyblues.com
WIESO? DAS HABEN WIR IMMER GEMACHT.
ICH WEISS, ABER ICH HABE NICHT VIEL MAKE-UP AUFGELEGT UND DIE BLÖDE KAMERA ERFASSST JEDE FALTE IN MEINEM GESICHT.
2602
KIRKMAN & SCOTT
© 2002, BABY BLUES PARTNERSHIP DIST. BY KING FEATURES SYNDICATE 11-5
HOFFENTLICH FÜHLT SIE SICH NICHT EINES TAGES BETROGEN ...
VOM JÜNGSTEN KIND GIBT ES IMMER DIE WENIGSTEN FOTOS, WEIL DAS JÜNGSTE KIND DIE ÄLTESTE MUTTER HAT.

OKAY, ICH HOLE TIMMI VOM KINDERGARTEN AB, MACHE EIN PAAR BESORGUNGEN, HOLE SUSI AB, BRINGE BEIDE NACH HAUSE ...
Distr. by Bulls
www.babyblues.com
... DANN HOLE ICH ETWAS PAPIERKRAM AUS DEM BÜRO, TREFFE DEINE MUTTER AM FLUGHAFEN, HOLE NOCH WAS ZU ESSEN UND BIN UM FÜNF WIEDER ZURÜCK.
KLINGT GUT.
2603
© 2002, BABY BLUES PARTNERSHIP DIST. BY KING FEATURES SYNDICATE 11-6
KIRKMAN & SCOTT
WIE KANN EIN FAMILIENZUWACHS VON 25% ALLES UM 800% KOMPLIZIERTER MACHEN?
DU DENKST, DAS IST HART? WARTE, BIS ALLE DREI IN VERSCHIEDENEN FUSSBALLMANNSCHAFTEN SIND.

Distr. by Bulls
4-1
219
SUSI? WAS ZUM..?
PAPI HAT MIR GEZEIGT, WIE DIE VI-DEOKAMERA FUNKTIO-NIERT!
HAT PAPI DIR AUCH GESAGT, WIE GEFÄHRLICH ES IST, MAMI VON HIN-TEN ZU FILMEN?
NÄCHSTE LEKTION: TEMPERAMENTVOLLE FILMSTARS.
KIRKMAN & SCOTT
www.babyblues.com

PAUL MEIER.
ICH BIN'S! BABS.
Distr. by Bulls
GUTE NACHRICHTEN! MEINE SCHWESTER HOLT MUTTER VOM FLUGHAFEN AB, ALSO MUSST DU NICHT.
EHRLICH? DAS IST TOLL!
DANN KANN ICH ENDLICH WAS MACHEN, WAS ICH SCHON SEIT TAGEN AUFSCHIEBE.
ZZZZZZZZZZZ
KIRKMAN & SCOTT

HALLO? JEMAND DA?
OMA IST DA!
Distr. by Bulls
DENKT DRAN, WAS ICH EUCH ÜBER MANIEREN GESAGT HABE.
WENN OMA WAS MITGEBRACHT HAT, DANN GIBT SIE ES EUCH, WANN SIE MÖCHTE. ICH WILL ALSO KEIN "GIB HER" HÖREN!
GIB HER! GIB HER!
KIRKMAN & SCOTT

HALLO, NA, WER BIST DU DENN?
Distr. by Bulls
SIE HEISST ANNA UND IST ERST ZWEI TAGE ALT. SIE IST UNSERE SCHWESTER UND SIE SCHREIT DIE GANZE ZEIT, BIS MAMI SIE FÜTTERT UND SCHLAFEN LEGT.
ICH GLAUBE, SIE HAT NOCH KEINE HOBBYS.
GEBEN WIR IHR NOCH EIN PAAR TAGE.
KIRKMAN & SCOTT

DEIN BABY IST DA? DAS IST TOLL, YOLANDA!
WIR FREUEN UNS ALLE FÜR DICH!
JUNGE ODER MÄDCHEN?
JUNGE ODER MÄDCHEN?
2607
Distr. by Bulls
www.babyblues.com
MÄDCHEN!
JAA!
MIST!
© 2002, BABY BLUES PARTNERSHIP DIST. BY KING FEATURES SYNDICATE 11-11
OKAY, ZWEI FREUEN SICH, EINE ENTHALTUNG.
KIRKMAN & SCOTT

YOLANDA HAT IHR BABY BEKOMMEN.
WANN?
Distr. by Bulls
HEUTE MORGEN.
WURDE AUCH ZEIT!
© 2002, BABY BLUES PARTNERSHIP DIST. BY KING FEATURES SYNDICATE 11-12
JA! ES WAR WIRKLICH GEMEIN VON IHR, 40 STUNDEN IN DEN WEHEN ZU LIEGEN UND DAS NUR AUS REINEM VERGNÜGEN.
DU WEISST, WIE ICH DAS MEINE!
KIRKMAN & SCOTT
2608
www.babyblues.com

MEINE GÜTE! VON WEM SIND DIE?
DA IST EINE KARTE.
Distr. by Bulls
Alles Gute zu eurer neuen Tochter! in Liebe David und Sonja
2609
www.babyblues.com
NA, SO WAS.
DAS WAR DOCH NICHT NÖTIG.
© 2002, BABY BLUES PARTNERSHIP DIST. BY KING FEATURES SYNDICATE 11-13
WER SIND EIGENTLICH DAVID UND SONJA?
ICH DACHTE, DU WÜSS-TEST ES.
KIRKMAN & SCOTT

IHR KENNT NICHT ZUFÄLLIG DAVID UND SONJA, ODER?
DOCH. DAS SIND ALTE FREUNDE. WIESO?
2610
DIESE BLUMEN VON IHNEN WURDEN VERSEHENTLICH BEI UNS ABGEGEBEN.
LUSTIG ... EURE BLUMEN WURDEN AUCH VERSEHENTLICH BEI UNS ABGEGEBEN ...
Distr. by Bulls
www.babyblues.com
TAUSCHEN?
FREUNDE ODER BLUMEN?
KIRKMAN & SCOTT

Z
GÄHN!
Distr. by Bulls
www.babyblues.com
2611
KIRKMAN & SCOTT
WAS WAR DAS DENN?
SIE HAT NUR EINEN NEUEN GESICHTSAUSDRUCK GETESTET.

ACH, PAUL ... ANNA IST JA SO SÜSS!
DANKE! ICH NEHME SIE JETZT.
SIE WACHSEN SO SCHNELL!
ALLERDINGS, KANN ICH JETZT ...?
2612
Distr. by Bulls
www.babyblues.com
BEVOR DU ES MERKST, SIND SIE ERWACHSEN UND AUS DEM HAUS.
ICH WEISS ... ÄHM ...
KIRKMAN & SCOTT
GENIESSE JEDEN MOMENT!
DAS VERSUCHE ICH JA!!

HALS.
KLOPF KLOPF KLOPF
SCHUL-TERN.
Distr. by Bulls
www.babyblues.com
BLORP!
HALS! GIB HER!
MIST!
KIRKMAN & SCOTT
2613
© 2002, BABY BLUES PARTNERSHIP DIST. BY KING FEATURES SYNDICATE 11-18
BIS ZUR NÄCHSTEN MAHLZEIT.
ES WIRD NICHT GEWETTET, WO DAS BABY ALS NÄCHSTES HIN-SPUCKT!

ICH GLAUBE, ANNA IST ECHT SCHLAU.
WIESO?
Distr. by Bulls
www.babyblues.com
ALLES WAS SIE TUT, IST ESSEN UND WEINEN.
DAS KLINGT FÜR MICH NICHT BESONDERS SCHLAU!
2614
© 2002, BABY BLUES PARTNERSHIP DIST. BY KING FEATURES SYNDICATE 11-19
DOCH, WENN MAN NUR ISST, WENN MAN HUNGRIG IST UND WEINT, WENN MAN TRAURIG IST.
JA. ICH KENNE EINIGE ER-WACHSENE, DIE DAS IMMER NOCH NICHT KÖNNEN.
KIRKMAN & SCOTT

HE, TIMMI ... KOMM UND SIEH DIR DAS AN.
2615
www.babyblues.com
WAS IST DAS?
DAS IST DIE "NABELSCHNUR".
Distr. by Bulls
DARAN WERDEN DIE BABYS NACH DER GEBURT ZUM TROCKNEN AUFGEHÄNGT.
© 2002, BABY BLUES PARTNERSHIP DIST. BY KING FEATURES SYNDICATE 11-20
WOHER WEISST DU DAS ALLES?
WENN DU SO LANGE LEBST WIE ICH, SCHNAPPST DU SO ALLERHAND AUF.
KIRKMAN & SCOTT

WAS IST DAS?
OH! WIR HABEN HEUTE UNSER GRUPPENFOTO BEKOMMEN! ICH ZEIG'S DIR!
ALSO, DAS IST MEINE GRUPPE...
DAS IST ANSGAR DER WÜRSTCHENESSER, DAS IST ROBIN DER DINOSAURIER, SVENJA DIE HEULSUSE, JAN DER JAMMERER...
...JESSICA DIE ULKNUDEL, PIERRE DER GRABSCHER, ERIK DER KITZLER, ANTONIA DIE KNEIFERIN UND TOM, JANA, ANTJE UND LUKAS.
TOM, JANA, ANTJE UND LUKAS SIND ALSO DIE EINZIGEN KINDER, DIE KEINE SPITZNAMEN HABEN?
JA, ABER DAFÜR KANN **ICH** NICHTS!
ES LIEGT NUR DARAN, DASS SIE SICH IMMER GUT BENEHMEN!
Distr. by Bulls
KIRKMAN & SCOTT
www.babyblues.com

WAS WEISST DU NOCH ÜBER BABYS?
FRAG MICH WAS!
Distr. by Bulls
WIESO HABEN SIE DIE AUGEN SO OFT ZU?
GANZ EINFACH ...
KIRKMAN & SCOTT
www.babyblues.com
2616
HÄSSLICHE BRÜDER.
© 2002, BABY BLUES PARTNERSHIP DIST. BY KING FEATURES SYNDICATE 11-21
MAAAAAMIIII!
KLAR ... GIB NUR MIR DIE SCHULD

Distr. by Bulls
WAS SCHAUST DU DENN, TIMMI?
ICH WILL SEHEN, WAS DAS BABY TRINKT.
2617
www.babyblues.com
MUTTERMILCH. WAS ANDERES HABE ICH NICHT.
OH.
KIRKMAN & SCOTT
© 2002, BABY BLUES PARTNERSHIP DIST. BY KING FEATURES SYNDICATE 11-22
SUSI HAT GESAGT, EINE SEITE IST FÜR MILCH UND DIE ANDERE FÜR APFELSAFT.
SUSI!!

HAB ICH ALS BABY AUCH SO KOMISCH AUSGESEHEN?
JA, SOGAR NOCH KOMISCHER.
Distr. by Bulls
www.babyblues.com
DEIN KOPF WAR RIESIG UND DU HATTEST BUSCHIGES SCHWARZES HAAR UND DEINE OHREN WAREN **GIGANTISCH!**
2618
© 2002, BABY BLUES PARTNERSHIP DIST. BY KING FEATURES SYNDICATE 11-23
HA! HA!
DA MUSSTE MAN SICH BESTIMMT DAS LACHEN VERKNEIFEN!
MUSS MAN IMMER NOCH!
KIRKMAN & SCOTT

MÜLLABHOLUNG VOR 5 JAHREN
2 Eltern – 1 Kind
MÜLLABHOLUNG VOR 3 JAHREN
2 Eltern – 2 Kinder
MÜLLABHOLUNG HEUTE
2 Eltern – 3 Kinder
FAHRT BIS ZUR HAUSTÜR, DANN LADE ICH DIREKT AUF!
2619

VATER WIRD MORGEN KOMMEN UND AM FREITAG MIT MUTTER NACH HAUSE FAHREN.
MMMF.
ES WAR GUT, HILFE MIT DEM BABY ZU HABEN. ICH WERDE SIE VERMISSEN.
ICH WILL JA NICHT STÖREN, ABER KÖNNTE MIR NOCH MAL JEMAND ZEIGEN, WIE DIE FERNBEDIENUNG FUNKTIONIERT?
JA, ES WIRD EINSAM IM BADEZIMMER SEIN, WENN SIE WEG IST.
MUTTER! UM HIMMELS WILLEN!
2620

OPA KOMMT MORGEN ZU UNS.
WO SOLL ER SCHLAFEN?
WIR MÜSSEN EIN BISSCHEN UMZIEHEN. ER UND OMA WERDEN IN UNSEREM BETT SCHLAFEN, PAPA UND ICH GEHEN AUF DAS SCHLAFSOFA, SUSI ZIEHT WIEDER IN IHR ZIMMER UND DU UND ANNA WERDET BLEIBEN WO IHR SEIT.
UNFAIR!
ICH WILL AUCH UMZIEHEN!
2621

... UND DANKE FÜR MAMI UND PAPI UND OMA UND OPA UND BESONDERS FÜR UNSER NEUES BABY.
Distr. by Bulls
www.babyblues.com
WAS IST MIT MIR?
GUT DASS DU MICH ERINNERST!
11-28
KIRKMAN & SCOTT
KANNST DU MICH BITTE MIT DER UMTAUSCH-ABTEILUNG VERBINDEN?
HE!
2622

QUATSCH! MUTTER UND ICH NEHMEN DAS SCHLAFSOFA.
WIRKLICH?
Distr. by Bulls
IN UNSEREM BETT LIEGT IHR BESTIMMT BESSER.
ICH BESTEHE DARAUF.
www.babyblues.com
2623
KIRKMAN & SCOTT
11-29
ICH BESTEHE NICHT DARAUF.
ZURÜCKNEHMEN GILT NICHT!

WIESO KAUFEN WIR KEIN BEQUEMES SCHLAFSOFA?
WEIL SIE ZU TEUER SIND!
Distr. by Bulls
AUSSERDEM BRAUCHEN WIR ES NUR, WENN WIR EIN BABY BEKOMMEN UND UNSERE ELTERN ZU BESUCH KOMMEN.
2624
www.babyblues.com
11-30
ICH GLAUBE, WIR HABEN GERADE EINE NEUE VERHÜTUNGSMETHODE ENTDECKT!
KIRKMAN & SCOTT

MEIN KISSEN RIECHT NACH OMA.
ZEIG MAL.
SCHNÜFF
SCHNÜFF
JA. IHR PARFÜM IST SEHR DOMINANT.
Distr. by Bulls
www.babyblues.com
ICH FRAGE MICH, WIESO ÄLTERE FRAUEN SO STARKE DÜFTE TRAGEN.
PUUH!
VIELLEICHT WOLLEN SIE DAMIT IHR TERRITORIUM MARKIEREN.
2625

DU DARFST NIEMALS **DEN** TEIL VON ANNAS KOPF ANFASSEN.
WIESO NICHT?
2626
Distr. by Bulls
DARUM!
DA IST EINE **WEICHE STELLE!**
WIESO IST SIE WEICH?
www.babyblues.com
WIESO IST SIE **WEICH??** WIESO??!
DAS IST DIE BLÖDESTE FRAGE, DIE ICH JEMALS GEHÖRT HABE!
WIESO IST SIE WEICH?

WO IST MAMI?
SIE FÜTTERT DAS BABY.
Distr. by Bulls
SCHON WIEDER??
JA. SIE MUSS ANNA ALLE 2 STUNDEN 24 STUNDEN AM TAG FÜTTERN.
www.babyblues.com
WOW ... DAS MUSS HART SEIN!
NUN, JA ...
2627
WENIGSTENS MUSS SIE SICH KEINE BESCHWERDEN ÜBERS ESSEN ANHÖREN.
SCHON WIEDER NUDELN?? ICH DACHTE, ES GIBT SPAGETTI.

Distr. by Bulls
Z
OH-OH.
NA...EINGESCHLAFEN, WÄHREND DIE KINDER OSTEREIER ANGEMALT HABEN?
KEIN KOMMENTAR.
221

KLOPF! KLOPF!
KLOPF! KLOPF! KLOPF!
Distr. by Bulls
www.babyblues.com
KLOPF!
KLOPF!
KLOPF!
KLOPF!
KLOPF!
KLOPF!
© 2002, BABY BLUES PARTNERSHIP DIST. BY KING FEATURES SYNDICATE 12-5
2628
BLURP!
KIRKMAN & SCOTT
ANFÄNGERFEHLER!

VERSICHERUNG
SPIELE
SPAR-BRIEF
WINDELN
WINDELN
12-6
© 2002, BABY PARTNERSHIP DIST. BY KING FEATURES SYNDICATE
2629
KIRKMAN & SCOTT
www.babyblues.com
Distr. by Bulls
SIND SIE NICHT ERSTAUNLICH?!
DU SAGST ES!

Distr. by Bulls
GÄHN!
KIRKMAN & SCOTT
www.babyblues.com
GÄHN!
© 2002, BABY BLUES PARTNERSHIP DIST. BY KING FEATURES SYNDICATE 12-7
SIE HAT ANGEFANGEN!
Z
Z
2630

LAUTSTÄRKE
LAUTSTÄRKE
MACH DEN FERNSEHER LEISER!
NOCH NICHT ... WIR GEWINNEN!
2631

ALARM!
HÖR AUF ZU SCHREIEN! DU BIST DRAN MIT WINDELNWECHSELN.
2632

2633

WAS MACHST DU DA?
FÜR DEN FRIEDEN KÄMPFEN.
2634
ICH WERFE DIESE GANZEN ALTEN VIDEOS VON DEN TELETUBBIES WEG, BEVOR ANNA SIE ENTDECKT UND WIR ES ZWEI WEITERE JAHRE AUSHALTEN MÜSSEN.
SIND SUSI UND TIMMI NICHT TRAURIG?
Distr. by Bulls
www.babyblues.com
DIE HABEN SIE SEIT MONATEN NICHT ANGEFASST. DIE MERKEN KEINEN UNTERSCHIED.
©2002, Baby Blues Partnership Dist. by King Features Syndicate 12-12
ICH FÜHLE EINE ERSCHÜTTERUNG DER MACHT.
KIRKMAN & SCOTT

VIELLEICHT IST ES DOCH KEINE SO GUTE IDEE, DIE ALTEN TELETUBBIES-VIDEOS WEGZUWERFEN.
WAS??
Distr. by Bulls
www.babyblues.com
BABS, DAS SIND NUR EIN HAUFEN BLÖDER FIGUREN, DIE NICHT MAL RICHTIG SPRECHEN KÖNNEN!
ICH WEISS, ABER DU SOLLTEST DIE POSITIVEN DINGE DABEI NICHT IGNORIEREN.
2635
KIRKMAN & SCOTT
©2002, Baby Blues Partnership Dist. by King Features Syndicate 12-13
NENN MIR EINS.
ICH HABE EINE HALBE STUNDE RUHE, UM ABENDESSEN ZU MACHEN.

DA FÄHRT DAS MÜLLAUTO MIT ALL DEN BLÖDEN ALTEN VIDEOKASSETTEN.
Distr. by Bulls
www.babyblues.com
DIESES KIND WIRD NICHT AUFWACHSEN UND JEDEN TAG EINEN HAUFEN VIDEOS DER TELETUBBIES ANSEHEN.
JA, GENAU...
2636
©2002, Baby Blues Partnership Dist. by King Features Syndicate 12-14
MAMI! DIE TELETUBBIES-DVD, DIE DU BESTELLT HAST, IST GERADE GEKOMMEN!
... TECHNISCH GESEHEN.
KIRKMAN & SCOTT

Distr. by Bulls
2637
UNSER BABY IST EIN NEUES MODELL, ABER DER KINDERWAGEN WOHL NICHT.

Coupons!
Distr. by Bulls
2638
LEG DIESE BLÖDE ZEITUNG WEG UND HILF MIR, DEN KÄSE ZU FINDEN.
HM.
stars
IN DIESEN DINGERN STEHT NUR MÜLL, DEN MAN SOWIESO BESSER NICHT WISSEN SOLLTE.
OH-OH.
ZU SPÄT.
OKAY, WELCHES STERNCHEN HAT IHR BABY GERADE "ANNA" GENANNT?

Distr. by Bulls
2639

Distr. by Bulls

MIR IST AUFGEFALLEN, DASS SUSI UND TIMMI IRGENDWIE ANHÄNGLICH SIND, SEIT ANNA BEI UNS ZU HAUSE IST.
WIRKLICH?
WIE SCHARFSICHTIG!
VIELLEICHT IST WASSER AUCH NOCH NASS ODER HITZE HEISS?!
WÄHREND DER STILLZEIT BIST DU IMMER SO SARKASTISCH, WEISST DU DAS?
Distr. by Bulls
www.babyblues.com
2640

FALLS DIESE ANHÄNGLICHKEIT ANHÄLT, HÄTTEN WIR NOCH PLATZ FÜR EINEN HUND.
www.babyblues.com
Distr. by Bulls
2641

AHH! EIN KUSCHLIGER WINTERABEND ZU HAUSE!
MONDLICHT SCHIMMERT DURCH DAS FENSTER ... EIN KNISTERNDES FEUER IM KAMIN ...
SCHADE, DASS SUSI UND TIMMI NICHT HIER SIND, UM ES ZU GENIESSEN.
HÄH??
DAS WAR EIN WITZ. ICH ERKLÄR'S DIR IN DER NÄCHSTEN WERBUNG.
Distr. by Bulls
www.babyblues.com
2642

DER TAG VOR WEIHNACHTEN.
AM TAG VOR WEIHNACHTEN DUFTETE ES IM GANZEN HAUS ...
DAUERT ES IMMER SO LANGE, BIS ENDLICH WEIHNACHTEN IST?
Besuch vom Weihnachtsmann
KIRKMAN & SCOTT
12-23
2643
Distr. by Bulls
www.babyblues.com
©2002, BABY BLUES PARTNERSHIP DIST. BY KING FEATURES SYNDICATE

Distr. by Bulls
2644
KEHR! KEHR! KEHR!
www.babyblues.com
©2002, BABY BLUES PARTNERSHIP DIST. BY KING FEATURES SYNDICATE 12-24
BABYS KÖNNEN WENIGSTENS KEINE GEHEIMNISSE AUSPLAUDERN.
JA, ABER GROSSE SCHWESTERN!
KIRKMAN & SCOTT

Und zum zwölften Weihnachtsfest schenkte mir die Liebe meines Lebens ...
©2002, BABY BLUES PARTNERSHIP DIST. BY KING FEATURES SYNDICATE 12-25
... SOCKEN?
HE, DU KANNST JA MAL WEIHNACHTSEINKÄUFE MIT ZWEI KLEINKINDERN UND EINEM SÄUGLING MACHEN!
2645
www.babyblues.com
KIRKMAN & SCOTT
Distr. by Bulls

JA. ICH WARTE.
HIER IST DER KUNDEN-SERVICE.
ICH HABE NUR EINE KURZE FRAGE ...
WIESO BENUTZEN SIE SIEBEN-UNDVIERZIG VERSCHLUSSDRÄHTE, UM **EINE** LUMPIGE PUPPE ZU VERPACKEN??
NEUNUND-VIERZIG. DU HAST ZWEI VERGESSEN.
2646
Distr. by Bulls
www.babyblues.com
KIRKMAN & SCOTT

OOH! ANNA HAT IHREN ROTEN WEIHNACHTS-STRAMP-LER AN!
OOH! ANNA HAT IHREN GELBEN WEIHNACHTS-STRAMP-LER AN!
OOH! ANNA HAT IHREN LILA WEIHNACHTS-STRAMP-LER AN!
OOH! ANNA HAT EIN T-SHIRT AN!
WIE OFT KANN EIN BABY BLOSS SPUCKEN??
2647
Distr. by Bulls
www.babyblues.com
KIRKMAN & SCOTT

STELL DIR VOR, DAS WOHNZIMMER IST GEPUTZT.
MMM ... OKAY.
DIE GANZE WEIHNACHTS-DEKORATION IST ORDENT-LICH WEGGERÄUMT, UND ALLES IST AUFGERÄUMT ...
MACH WEITER. MACH WEITER.
... AUSSERDEM IST DAS ESSEN IM OFEN, DIE KÜCHE IST BLITZ-BLANK, UND DU HAST DEN GAN-ZEN TAG KEINEN FINGER GERÜHRT!
UUUUUUUUHH!
ICH KANN SIE IMMER NOCH ANTÖRNEN ... NUR AUF EINE ANDERE ART.
WIEDERHOL NOCH MAL DIE STELLE, WO JEMAND ANDERER ESSEN MACHT!
2648
Distr. by Bulls
www.babyblues.com
KIRKMAN & SCOTT

ICH FÜHLE MICH WIE EIN MINIVAN MIT KLEBRIGEN SITZEN ... ABGEBROCHENE BUNTSTIFTE UND PUPPENTEILE IN MEINEN TASCHEN ... EINE GROSSE GEBLÜMTE WICKELTASCHE ...
Distr. by Bulls
WENN ICH JEMALS EINE MIDLIFE-CRISIS BEKOMME, DANN DESHALB!
HÖR AUF ZU MECKERN UND BEEIL DICH! WIR KOMMEN ZU SPÄT ZUM KASPERLETHEATER!
2649

SIEBEN ...
SECHS ...
FÜNF ...
VIER ...
2650
DREI ...
ZWEI ...
EINS ...
BWAAAAAAAA!
Distr. by Bulls
FROHES NEUES JAHR.
DANKE. WILLST DU JETZT DIE SIRENE NEHMEN?

WIR NENNEN SIE ZURI.
OOOOH.
2651
Distr. by Bulls
DAS BEDEUTET AUF AFRIKANISCH "SCHÖN".
OOOOH.
HABT IHR GEHÖRT? YOLANDA UND TOM NENNEN IHR BABY ZURI.
OOOOH.
OOOH!
OOOH!
OOOH!
UND, WIE FINDEST DU DEN NAMEN?
IRGENDWIE OOOH!

223
Distr. by Bulls
ICH WAR'S NICHT!
WAS IMMER TIMMI AUCH ERZÄHLT HAT, ICH WAR'S NICHT!
UND SELBST WENN ICH'S WAR, WAR ES BESTIMMT EIN VERSEHEN.
www.babyblues.com
OKAY, VIELLEICHT WAR ES KEIN VERSEHEN, ABER ICH HAB'S NUR GEMACHT, WEIL TIMMI ES WOLLTE, ALSO IST ER EIGENTLICH SCHULD... DIESE PETZE!
VERSTEHE!
WAS HAT ER EIGENTLICH ERZÄHLT?
DASS ER ZUR TOILETTE MUSS.
FERTIG!
KIRKMAN & SCOTT

ZURI ... EIN TOLLER NAME!
FINDEST DU EHRLICH?
2652
Distr. by Bulls
NATÜRLICH! ER IST ENTZÜCKEND!
ICH BIN FROH, DASS DU SO DENKST.
UND DAS BESTE IST, ER IST ABSOLUT EINZIGARTIG!
JA!
www.babyblues.com
1-2
ICH MEINE, WIE VIELE KINDER HEISSEN SCHON ZURI?
AUSSER DEN DREI IN MEINER KLASSE, KEINER.
©2003, BABY BLUES PARTNERSHIP DIST. BY KING FEATURES SYNDICATE

IHR HALTET DEN BAUM GERADE, WÄHREND ICH DEN STÄNDER LÖSE!
TUN WIR.
ICH SCHON, DU NICHT!
2653
Distr. by Bulls
HALTET IHR IHN NOCH?
SUSI ZIEHT IHN ZU SEHR RAN!
TU ICH NICHT!
KIRKMAN & SCOTT
www.babyblues.com
ER IST ZU WEIT BEI DIR!
JA, WEIL DU ANDAUERND DRÜCKST!
GAR NICHT!
OH, DOCH!
OKAY! HALTET IHN! ICH KOMME RAUS!
1-3
WO IST EURE MUTTER?
SO WIE SIE GELACHT HAT, HOLT SIE BESTIMMT DIE VIDEOKAMERA.
©2003, BABY BLUES PARTNERSHIP DIST. BY KING FEATURES SYNDICATE

OKAY, SUSI. DU HÄLTST DIE TÜR AUF UND ICH TRAGE MIT TIMMI DEN WEIHNACHTSBAUM RAUS.
Distr. by Bulls
WENN WIR VORSICHTIG SIND, KOMMEN WIR DURCH DIE TÜR, OHNE DASS ALLZU VIELE NADELN AB-
www.babyblues.com
1-4
-FALLEN.
HILFE!
2654
KIRKMAN & SCOTT
©2003, BABY BLUES PARTNERSHIP DIST. BY KING FEATURES SYNDICATE

DENKST DU DRAN, DASS DU MORGEN FRÜHER NACH HAUSE KOMMST, UM MIR BEI SUSIS GEBURTSTAG ZU HELFEN?
OH, GENAU.
SOLLTEN WIR ES NICHT VERSCHIEBEN? AM NÄCHSTEN TAG IST SCHLIESSLICH SCHULE.
ES SIND NUR SIEBEN KINDER UND SUSI, UND UM FÜNF UHR IST ALLES VORBEI. ES IST KEINE GROSSE SACHE.
ALSO ACHT ERSTKLÄSSLER HÜPFEN IN UNSEREM WOHNZIMMER AUF EISCREME, TORTE UND LIMONADE HERUM.
ES WIRD TOLL.
OB ICH WOHL DIE HELL'S ANGELS ALS SECURITY ANHEUERN KANN?
Distr. by Bulls
www.babyblues.com
KIRKMAN & SCOTT
2655

JA. WIR FEIERN DEN GEBURTSTAG UNSERER TOCHTER.
WIRKLICH? ICH SEHE, WAS ICH TUN KANN.
DAS WAR DIE NASA ... DIE BESATZUNG DER RAUMSTATION HAT SICH ÜBER DEN LÄRM BESCHWERT.
HA. HA. HA.
Distr. by Bulls
www.babyblues.com
KIRKMAN & SCOTT
2656

SCHREIEN IST BEI MÄDCHEN WOHL DIE PRIMÄRE ART DER KOMMUNIKATION.
NEIN, IST ES NICHT.
SIE SCHREIEN, WENN SIE GLÜCKLICH SIND. SIE SCHREIEN, WENN SIE SAUER SIND. SIE SCHREIEN, WENN SIE ÄNGSTLICH SIND. SIE SCHREIEN, WENN SIE AUFGEREGT SIND.
ICH HAB JETZT NICHT DIE ENERGIE, UM MIT DIR ZU STREITEN ...
ICH BIN SO MÜDE, DASS ICH SCHREIEN KÖNNTE.
AH-HAH!
Distr. by Bulls
www.babyblues.com
KIRKMAN & SCOTT
2657

... UND SO GALOPPIERTE ER ÜBER DIE WIESE, BIS ER ...
Distr. by Bulls
2658
KLICK
www.babyblues.com
RAUSCH
©2003, BABY BLUES PARTNERSHIP DIST. BY KING FEATURES SYNDICATE 1-9
KIRKMAN & SCOTT
KLICK
DAS IST EIN BUCH! DU MUSST BEI MIR NICHT "PAUSE" DRÜCKEN, WENN DU AUFS KLO MUSST.

WIR HABEN UNSEREN WEIHNACHTSBAUM SELBST IM WALD GEFÄLLT.
Distr. by Bulls
WIR SIND MIT DEM FLUGZEUG NACH KANADA GEFLOGEN.
2659
www.babyblues.com
ICH HAB SO VIEL SCHOKOLADE GEGESSEN, DASS ICH ZWEI TAGE DURCHFALL HATTE.
©2003, BABY BLUES PARTNERSHIP DIST. BY KING FEATURES SYNDICATE 1-10
KIRKMAN & SCOTT
WAS SOLL DIESER EINTRAG?
WIR SOLLTEN UNSER AUFREGENDSTES WEIHNACHTSERLEBNIS ERZÄHLEN.

SUSI, HAST DU MEINEN SPEZIALEINHEITS-NINJA-KAMPF-ACTIONMAN GESEHEN?
JA. HIER IST ER.
Distr. by Bulls
2660
www.babyblues.com
!
ER HAT UNS BEI DER MODENSCHAU GEHOLFEN.
©2003, BABY BLUES PARTNERSHIP DIST. BY KING FEATURES SYNDICATE 1-11
WIESO KICKT TIMMI SEINEN ACTIONMAN DURCH DEN MATSCH?
ER HAT IRGENDWAS VON STRAFEXERZIEREN GEFASELT.
KIRKMAN & SCOTT

DIE ZWILLINGE HABEN ENDLICH NAMEN!
EHRLICH! SAG SCHON! WIE HEISSEN SIE?
Distr. by Bulls
BALDUIN.
BALDUIN UND ...
www.babyblues.com
2661
BALDUIN UND BALDUIN. SIE SEHEN GLEICH AUS, ALSO BEKOMMEN SIE AUCH GLEICHE NAMEN.
KIRKMAN & SCOTT
© 2003, BABY BLUES PARTNERSHIP DIST. BY KING FEATURES SYNDICATE 1-13
ES IST SO NAHE LIEGEND. WIESO DAS NICHT MEHR LEUTE MACHEN?!
WER WEISS? VIELLEICHT GEISTIGE GESUNDHEIT?
WELCHER IST DENN BALDUIN?

BINI, ES IST JA WIRKLICH, ÄHM ... SCHLAU, DASS IHR BEIDE JUNGS BALDUIN NENNT, ABER IST DAS NICHT ETWAS VERWIRREND FÜR MANCHE LEUTE?
NEIN, WIR RUFEN SIE MIT IHREN ZWEITEN VORNAMEN.
Distr. by Bulls
www.babyblues.com
2662
OOH ... WIESO SAGST DU DAS NICHT GLEICH? DAS ERGIBT NATÜRLICH SINN!
KIRKMAN & SCOTT
© 2003, BABY BLUES PARTNERSHIP DIST. BY KING FEATURES SYNDICATE 1-14
UND WIE LAUTEN DIE ZWEITEN VORNAMEN?
DAS IST ARTHUR UND DAS IST ARTUR.

BINI NENNT BEIDE ZWILLINGE BALDUIN?
DAS IST DOCH VERRÜCKT?!
Distr. by Bulls
2663
NICHT NUR, DASS SIE GLEICH AUSSEHEN, SIE ZIEHT SIE AUCH GENAU GLEICH AN, UND JETZT GIBT SIE IHNEN NOCH DIE GLEICHEN VORNAMEN!
UNGLAUBLICH!
www.babyblues.com
KIRKMAN & SCOTT
1-15
© 2003, BABY BLUES PARTNERSHIP DIST. BY KING FEATURES SYNDICATE
MIT EINER NACHBARIN WIE BINI BRAUCHT MAN KEINE TALKSHOWS MEHR.
JA, DAS IST WIE OLIVER GEISSEN OHNE WERBUNG.

224
Distr. by Bulls
RRRRRR...
R R R RRRR
RRRRRRRRR... QUIETSCH!
RRRRRRRRR...
RRRRRRRRRR... QUIETSCH!
...RRRRRR... QUIETSCH!
5-6
www.babyblues.com
KIRKMAN & SCOTT
TIMMIS HAARE SEHEN HEUTE KOMISCH AUS.
ICH HAB SIE DEN GANZEN TAG ALS LANDEBAHN BENUTZT!

NORMALZEIT
ICH WOLLTE UM FÜNF ZU HAUSE SEIN, UND ES IST GENAU FÜNF UHR!
FUSSBALLZEIT
ES SIND NOCH 30 SEKUNDEN ZU SPIELEN, ALSO DAUERT ES NOCH EINE HALBE STUNDE.
BABYZEIT
WIR LADEN GERADE DAS AUTO UND MÜSSEN NOCH DAS BABY ANZIEHEN ... WIR BRECHEN ALSO MITTWOCH AUF.
2664
Distr. by Bulls
www.babyblues.com

ICH HAB MEINE ZÄHNE NICHT GEPUTZT, MEINE HAARE SIND NICHT GEKÄMMT, UND MEINE MAMA HAT MICH DIESE WOCHE SCHON DREIMAL IM SCHLAFANZUG ZUR SCHULE GEFAHREN.
WOW!
UND ICH HATTE SEIT WOCHEN KEINEN HAFERSCHLEIM ZUM FRÜHSTÜCK!
ICH WÜNSCHTE, MEINE MAMA HÄTTE EIN BABY BEKOMMEN.
2665
Distr. by Bulls
www.babyblues.com

WEISST DU WAS?
MAMA HAT MICH HEUTE DUSCHEN LASSEN.
EHRLICH?
JAA. UND ES WAR TOLL.
DUSCHEN IST VIEL BESSER ALS BADEN.
WIESO?
WENN MAN SICH GANZ NAH AN DIE WAND STELLT, WIRD MAN KAUM NASS!
BABS!
2666
Distr. by Bulls
www.babyblues.com
KIRKMAN & SCOTT

OKAY, SUSI UND TIMMI SIND BEI YOLANDA, UND ANNA SCHLÄFT. KOMMST DU ALLEINE MIT IHR KLAR?
BABS, ICH BIN EIN ERWACHSENER MANN UND EIN ERFAHRENER VATER. WIR KENNEN WOHL BEIDE DIE ANTWORT AUF DIESE FRAGE.
ICH DENKE JA.
UND OB!
NIEMALS!
Distr. by Bulls
www.babyblues.com
2667
©2003, BABY BLUES PARTNERSHIP DIST. BY KING FEATURES SYNDICATE 1-20
KIRKMAN & SCOTT

ICH HABE ANNA GERADE GESTILLT, SIE MÜSSTE EIN PAAR STUNDEN SCHLAFEN. ABER FÜR DEN NOTFALL HABE ICH EINE FLASCHE IM KÜHLSCHRANK.
KEINE SORGE. ICH BIN DER VATER UND MACHE DAS NICHT ZUM ERSTEN MAL.
OKAY.
ABER WIESO FÜHLE ICH MICH DANN WIE EIN FALLSCHIRMSPRINGER BEI NACHT, DER DAS FLUGZEUG AM HORIZONT VERSCHWINDEN SIEHT?
Distr. by Bulls
www.babyblues.com
2668
©2003, BABY BLUES PARTNERSHIP DIST. BY KING FEATURES SYNDICATE 1-21
KIRKMAN & SCOTT

BABYS KÖNNEN SO FRIEDLICH SEIN.
ZZZZ
VÖLLIG ZUFRIEDEN MIT DER WELT ... NEHMEN JEDEN MOMENT, WIE ER KOMMT ...
KLICK!
... SO WIE VÄTER, WENN SIE DAS HAUS UND DEN FERNSEHER FÜR SICH ALLEINE HABEN!
ZZZZ
Distr. by Bulls
www.babyblues.com
2669
KIRKMAN & SCOTT
©2003, BABY BLUES PARTNERSHIP DIST. BY KING FEATURES SYNDICATE 1-22

ZZZZZ
WACH AUF!! WIE WILLST DU AUF DAS BABY AUFPASSEN, WENN DU SCHLÄFST??
PASS JETZT GEFÄLLIGST BESSER AUF!
NA DAS IST WIRKLICH EIN BABY-MELDER!
www.babyblues.com
Distr. by Bulls
2670
KIRKMAN & SCOTT

SIE IST SO SÜSS!
SO LIEB.
SO PERFEKT.
ZZZZ
Distr. by Bulls
SIE IST EIN KUNSTWERK.
2671
www.babyblues.com
BWAAAAAA!
BWAAAAAAAAA!
ICH MUSS VERSUCHEN, WÄHREND DEM SCHLAF DIE HÄNDE VON DEM KUNSTWERK ZU LASSEN.
KIRKMAN & SCOTT

BWAAAAAAAAAAAAAAA!WAAAAAAAA AAAAAAAAAAAA!!
WARTE, ANNA ... PAPI MUSS SCHNELL WAS SUCHEN.
Distr. by Bulls
PAPIS WISSEN NICHT ALLES, WAS MAMIS WISSEN, DESHALB MÜSSEN WIR MANCHMAL ... AH, DA!
www.babyblues.com
DA IST ES!
2672
SCHLAF, KINDLEIN SCHLAF, DER VATER HÜT' DIE SCHAF DIE MUTTER ....

BWAAAAAAAAAAAAAA! BWAAAAAAAAAAAA!
SCHLAF, KINDLEIN, SCHLAF, DER VA ER HÜT' DIE SCHAF DIE MUTTER SCHÜTTELT'S ...
BÄUMELEIN, FÄLLT HERAB EIN TRÄUMELEIN, SCHLAF KINDLEIN, SCHLAF!
BUM-BA-DA-BUM-BA-DA! BIDDITI-BIDDITI-BIDDITI-BAM! BAM! DIDDEL-DIDDEL-BUMM-BUMM-BUMM-BADAP!
MANCHMAL ÜBERZEUGT EBEN ERST EIN GUTES SCHLAGZEUGSOLO!
2673
Distr. by Bulls
www.babyblues.com
© 2003, Baby Blues Partnership Dist. by King Features Syndicate 1-27
KIRKMAN & SCOTT

WARTE .. WIR SIND FAST FERTIG ...
ICH MUSS NUR NOCH ... AH ... DEN VERSCHLUSS ... AHHH ...
HAAA-TSCHIIII!
Distr. by Bulls
www.babyblues.com
2674
© 2003, Baby Blues Partnership Dist. by King Features Syndicate 1-28
KIRKMAN & SCOTT

DEINE MAMI KOMMT ERST IN ZWEI STUNDEN ZURÜCK.
ICH HAB DICH GESCHAUKELT, WAS GESUNGEN, WAS VORGELESEN, DEINE WINDEL EIN PAARMAL GEWECHSELT ...
JETZT MUSST DU DIR WAS AUSDENKEN!
Distr. by Bulls
www.babyblues.com
2675
© 2003, Baby Blues Partnership Dist. by King Features Syndicate
KIRKMAN & SCOTT 1-29

ALLES GUTE ZUM MUTTERTAG!
VIELEN DA–
WIR LIEBEN DICH, MAMI!
ICH LIEBE EU–
HEUTE IST DEIN TAG, DU DARFST DIR AUSSUCHEN, WAS DU MÖCHTEST.
HMMM... ICH MÖCH–
HÖR AUF! DAS IST MAMIS GESCHENK!
SCHON GUT... ER D–
MÖCHTEST DU IM BETT ODER IN DER KÜCHE FRÜH-STÜCKEN?
FRÜHSTÜCK IM BETT WÄRE W–
WENN TIMMI DAS BAND HAT, BEKOMME ICH DANN DIE SCHACHTEL?
DARF ICH ES ERST AUFMACH–
ALSO, WAS WILLST DU? WAS WÜNSCHST DU DIR MEHR ALS ALLES ANDERE AUF DER WELT?
EINEN SATZ ZU ENDE ZU SPRECHEN!
Distr. by Bulls
225
www.babyblues.com
KIRKMAN & SCOTT

DARUM GEHT ES DOCH IM LEBEN, ODER?
Distr. by Bulls
www.babyblues.com
RUMHÄNGEN ... AM WOCHENENDE ZEIT FÜREINANDER HABEN ... NUR WIR DREI ...
... DU, ICH UND DER SPORTKANAL.
... UND JETZT DAS SPIEL DES TABELLENERSTEN!
KIRKMAN & SCOTT
2676

DAS WAR DIE LETZTE MUTTERMILCH, DIE UNS MAMI DAGELASSEN HAT.
RÜLPS
2677
Distr. by Bulls
WAS MACHEN WIR, WENN SIE NICHT BALD ZURÜCKKOMMT?
www.babyblues.com
KIRKMAN & SCOTT
DENK NICHT MAL DARAN!

HI!
DA IST SIE JA!
2678
Distr. by Bulls
WIE LIEF ES?
TOLL! PRIMA. KEINE GROSSEN PROBLEME.
www.babyblues.com
KUSS
DAS WAR EINE RUNDE BESTER KINDERERZIEHUNG MIT PAUL MEIER!
KIRKMAN & SCOTT
WENN DU ZU HAUSE BEI DEN KINDERN BLEIBST IST ES "KINDERERZIEHUNG", UND BEI MIR HEISST ES "NICHT ARBEITEN", JA??

ICH WÜNSCHTE, ICH HÄTTE EIN CABRIO.
Distr. by Bulls
WIESO?
MACHST DU WITZE? JEDER MANN LIEBT DAS GEFÜHL, WENN IHM WÄHREND DER FAHRT DER WIND DURCH DIE HAARE WEHT.
2679
www.babyblues.com
KIRKMAN & SCOTT
HE, KINDER ...
WIE IST DAS?
JA, GANZ GENAU DAS MEINTE ICH!
PUUUST
PUUUST

Distr. by Bulls
2680
MILCH
www.babyblues.com
KIRKMAN & SCOTT
DAS ZEIGT WOHL, DASS WIR EINDEUTIG GENUG KINDER HABEN ...

1. BABY
KANNST DU PAPA SAGEN?
PAPA?
PAPA?
PAPA?
SAG MAL P-A-P-A!
Distr. by Bulls
www.babyblues.com
2. BABY
NA LOS, SAG SCHON PAPA!
SAG DOCH BITTE MAL PAPA.
PAPA?
PAPA?
2681
3. BABY
PAPA PAPA PAPA PAPA PAPA PAPA PAPA PAPA PAPA PAPA PAPA
LASS DIR RUHIG ZEIT MIT DEM REDEN, OKAY?
KIRKMAN & SCOTT

WANN FÄNGT ANNA AN ZU KRABBELN?
SIE IST ERST EIN PAAR WOCHEN ALT.
BABYS KRABBELN IN DER REGEL ERST, WENN SIE ETWA SECHS MONATE ALT SIND.
Distr. by Bulls
www.babyblues.com
UND BIS DAHIN LIEGT SIE NUR RUM UND LÄSST SICH BEDIENEN?
GANZ GENAU.
2682
© 2003, BABY BLUES PARTNERSHIP DIST. BY KING FEATURES SYNDICATE 2-6
SCHWESTERCHEN, DU BIST EIN GENIE!
KIRKMAN & SCOTT

KRIEG ICH EINEN KEKS?
WIE HEISST DAS ZAUBERWORT?
Distr. by Bulls
www.babyblues.com
© 2003, BABY BLUES PARTNERSHIP DIST. BY KING FEATURES SYNDICATE 2-7
BEEIL DICH!
KIRKMAN & SCOTT
2683
ICH MEINE DAS ZAUBERWORT, DAS BEI MIR FUNKTIONIERT UND NICHT BEI SUSI.
ACH SO ... DANN BITTE?

HAT JEMAND MEINE LEOPARDENSCHUHE GESEHEN?
Distr. by Bulls
2684
DU HAST GAR KEINE LEOPARDENSCHUHE.
ACH, STIMMT JA.
KIRKMAN & SCOTT
www.babyblues.com
ICH WUSSTE JA, DASS ES EIN MÄDCHEN IN DER SCHULE GIBT, DIE KEINE HAT!
© 2003, BABY BLUES PARTNERSHIP DIST. BY KING FEATURES SYNDICATE 2-8
ICH HASSE ES, WENN SIE SO SARKASTISCH IST.
ICH HASSE ES, WENN SIE SO GUT DABEI IST.

IM MOMENT LAUFEN EINIGE FILME, DIE ICH GERNE SEHEN WÜRDE.
Distr. by Bulls
ANNA IST JETZT SCHON EIN PAAR MONATE ALT, UND ES IST BALD VALENTINSTAG ...
2685
www.babyblues.com
... WARUM FRAGST DU NICHT DEINE SCHWESTER, OB SIE AUF DIE KINDER AUFPASST, DANN KÖNNEN WIR ESSEN UND INS KINO GEHEN?
TOLLE IDEE, ICH RUF GLEICH AN!
JUTTA? ICH BIN'S. WIR HABEN UNS GEFRAGT, OB DU WOHL BABYSITTEN KÖNNTEST, WENN WIR DIE KINDER EINEN ABEND LANG AUSSETZEN.
VIELLEICHT IST ES DOCH ZU FRÜH.
KIRKMAN & SCOTT

ALSO NOCH MAL. DIE TELEFONNUMMERN STEHEN AUF DEM BLOCK UND AUCH DIE NAMEN VOM RESTAURANT UND VOM KINO.
Distr. by Bulls
www.babyblues.com
WIR SIND NUR ZEHN MINUTEN ENTFERNT, ABER ICH BIN SICHER, DAS ALLES GUT GEHT. ES WIRD PRIMA.
2686
DAS MUSST DU MIR NICHT DAUERND VERSICHERN.
DAS TUE ICH NICHT. ICH VERSICHERE ES MIR.
KIRKMAN & SCOTT

IST ES WIRKLICH OKAY FÜR DICH, ANNA JETZT SCHON BEI EINEM BABYSITTER ZU LASSEN?
JUTTA IST NICHT **EIN** BABYSITTER ... SIE IST MEINE SCHWESTER!
WENN ICH JEMANDEM UNSERE KINDER ANVERTRAUE, DANN IST ES JUTTA.
KIRKMAN & SCOTT
2687
Distr. by Bulls
www.babyblues.com
SIE IST INTELLIGENT, RÜCKSICHTSVOLL, FÜRSORGLICH ...
... UND SIE WEISS, WENN SIE MIST BAUT, WIRD MUTTER SIE TÖTEN.

Distr. by Bulls
Märchen
GÄHN!
Märchen
Z
Märchen
GÄHN!
Märchen
Z
Märchen
Märchen
www.babyblues.com

NICHT ZU GLAUBEN, DASS WIR ALLEINE IM KINO SIND!
JA. ES IST SCHÖN, SICH WIE EIN ERWACHSENER ZU FÜHLEN.
Distr. by Bulls
DREI MONATE LANG HAB ICH WIE EIN BABY GEREDET, WIE EIN BABY GEDACHT ...
ZZZZZZZZZZZZ
2 STUNDEN SPÄTER
WIE FÜHLST DU DICH?
ICH HAB GESCHLAFEN WIE EIN BABY.
2688

IHR SEID'S!
Distr. by Bulls
WIE WAR DER FILM?
TOLL!
DIE SITZE WAREN BEQUEM UND GERÄUMIG, UND ICH GLAUBE, ICH HABE NICHT GESCHNARCHT.
2689
DU HAST DEN GANZEN FILM VERSCHLAFEN?!
DU GLAUBST DOCH NICHT ETWA, DASS ICH ZWEI KINDERFREIE STUNDEN IM KINO **VERSCHWENDEN** WÜRDE!

WAR ALLES OKAY, WÄHREND WIR WEG WAREN?
ALLES WAR BESTENS!
Distr. by Bulls
KEINE KATASTROPHEN? KEINE WUTANFÄLLE? KEINE UNFÄLLE?
NEIN. ES WAR EIN RUHIGER ABEND MIT DREI GUT ERZOGENEN KINDERN.
2690
ZURÜCK ZUM AUTO, PAUL ... WIR SIND IM FALSCHEN HAUS.
JA ODER VIELLEICHT HABT IHR NUR EINEN AUSSERGEWÖHNLICHEN BABYSITTER.

MAMI! ER MACHT ES SCHON WIEDER!
Distr. by Bulls
www.babyblues.com
IIIIIIIIH
ER SOLL DAMIT AUFHÖREN!!!
TIMMI! GIB MIR SOFORT DIESEN POPEL!
KIRKMAN & SCOTT
2691
©2003, BABY BLUES PARTNERSHIP DIST. BY KING FEATURES SYNDICATE 2-17
MANCHMAL WÜNSCHT MAN SICH, MAN HÄTTE MANCHE DINGE NICHT GESAGT.

BRAAAP!
ENTSCHULDIGUNG!
Distr. by Bulls
www.babyblues.com
2692
BUUURP!
TUT MIR LEID!
BRRRRUP!
ENTSCHULDIGUNG!
BAAAARP!
PARDON!
BWERP!
TUT MIR LEID!
©2003, BABY BLUES PARTNERSHIP DIST. BY KING FEATURES SYNDICATE 2-18
ICH BIN BEREIT FÜR EINE PARTY IN VORNEHMEN KREISEN!
KIRKMAN & SCOTT

... UND ALS SIE AN DER BLUMENWIESE VORBEIRITT, WINKTE SIE ZUM ABSCHIED.
Distr. by Bulls
DANKE, PAPI! DANKE, MAMI!
GERN GESCHEHEN.
www.babyblues.com
ES IST SO SÜSS, DASS WIR BEIDE SUSI HEUTE ABEND ETWAS VORLESEN SOLLTEN.
seufz
EIN TOLLES KIND.
©2003, BABY BLUES PARTNERSHIP DIST. BY KING FEATURES SYNDICATE 2-19
DU HAST RECHT. MAMIS ATEM RIECHT SCHLECHTER ALS PAPIS.
KIRKMAN & SCOTT
2693

WIESO SPIELT IHR BEIDEN NICHT ETWAS?
TUN WIR DOCH.
2694
Distr. by Bulls
WIR SPIELEN „ERWACHSENE".
www.babyblues.com
ICH BIN DIE MUTTER, TIMMI IST DER VATER, UND WIR SITZEN RUM UND JAMMERN, WEIL WIR IMMER FETTER WERDEN.
ZIEH DEINE JACKE AN, MAMI SAGT, WIR GEHEN ALLE JOGGEN!
KIRKMAN & SCOTT

HEUL! HEUL! HEUL!
ICH GEH.
2695
Distr. by Bulls
HEUL! HEUL! HEUL!
AUTSCH!
RUMMS
www.babyblues.com
HEUL! HEUL! HEUL!
seufz
KIRKMAN & SCOTT

SPIDERMAN ODER HULK?
SPIDERMAN.
2696
Distr. by Bulls
SPIDERMAN ODER POKEMON?
POKE-MON.
www.babyblues.com
POKEMON ODER NINJAS?
NINJAS.
NINJAS ODER ...
TIMMI SOLL IRGENDEIN T-SHIRT NEHMEN UND RAUSKOM-MEN!!
KIRKMAN & SCOTT

KANN ICH MEINE EIGENE E-MAIL-ADRESSE HABEN?
Distr. by Bulls
IRGENDWANN JA.
DANKE.
www.babyblues.com
ICH KANN'S KAUM ERWARTEN, MEINE EIGENEN SPAM-MAILS ZU LÖSCHEN!
2697
© 2003, Baby Blues Partnership Dist. by King Features Syndicate 2-24
SIE HAT KEINE UNREALISTISCHEN ERWARTUNGEN
Kirkman & Scott

HA! HA! HA! HA! HA!
2698
Distr. by Bulls
www.babyblues.com
HA! HA! HA! HA! HA! HA!
Kirkman & Scott
© 2003, Baby Blues Partnership Dist. by King Features Syndicate 2-25
MANCHMAL IST VATERSEIN WIE EIN KIND, DASS KEINER MAG.
WIR SPIELEN MIT DIR!

WAAAAAAA!
Distr. by Bulls
2699
www.babyblues.com
© 2003, Baby Blues Partnership Dist. by King Features Syndicate 2-26
DU HAST SIE GENAU DA, WO DU SIE HABEN WILLST, WAS?
Kirkman & Scott

BIN GLEICH WIEDER DA!
DÜRFEN WIR MIT, PAPI?
Distr. by Bulls
ICH FAHRE NUR KURZ IN DEN BAUMARKT!
WIR MÖCHTEN AUTO FAHREN! BITTE? DÜRFEN WIR? BITTE?
AUTO FAHREN! AUTO FAHREN! AUTO FAHREN!
OKAY! GEHT UND SAGT MAMI BESCHEID!
MAMI! PAPI WILL MIT UNS AUTO FAHREN!
AUTO FAHREN... AUTO FAHREN... WIR WERDEN AUTO FAHREN...
...VIELLEICHT SEHEN WIR SOGAR EINEN ZUG ODER KÜHE ODER EINE BERGZIEGE...
OOH!
OKAY, LOS GEHT'S!
JAA!
JAA!
ICH MUSS MAL.
SIND WIR SCHON DA?
seufz
5-27
227
www.babyblues.com
KIRKMAN & SCOTT

SUSI, WENN DU WEITER GRIMASSEN SCHNEIDEST, BLEIBT DEIN GESICHT IRGENDWANN SO.
GLAUB ICH NICHT!
ES STIMMT, FRAG PAPA.
WAS?
DESWEGEN SIEHST DU SO AUS!
2700
Distr. by Bulls
www.babyblues.com
© 2003, BABY BLUES PARTNERSHIP DIST. BY KING FEATURES SYNDICATE 2-27
KIRKMAN & SCOTT

WOW! WAS FÜR EIN GEWITTER!
VIELLEICHT SOLLTE ICH NACHSEHEN, WIE ES SUSI UND TIMMI GEHT.
UNS GEHT'S GUT!
2701
Distr. by Bulls
www.babyblues.com
© 2003, BABY BLUES PARTNERSHIP DIST. BY KING FEATURES SYNDICATE 2-28
KIRKMAN & SCOTT

GANZ OKAAAY ...
BESSER ALS BEI ANDEREN.
PATSCH PATSCH
KÖNNTE SCHLIMMER SEIN.
NICHT SCHLECHT FÜR EINEN VATER VON DREI KINDERN.
VATERSEIN: DIE UNIVERSALE VERNUNFT
3-1
© 2003, BABY BLUES PARTNERSHIP DIST BY KING FEAT. SYN.
2702
Distr. by Bulls
KIRKMAN & SCOTT
www.babyblues.com

TIMMI, DU HUMPELST JA! WAS IST PASSIERT?
ICH BIN VOM BAUM GESPRUNGEN, UND JETZT TUT MEIN KNÖ-CHEL WEH.
2703
Distr. by Bulls
www.babyblues.com
UND JETZT TUT MEIN KNIE AUCH WEH.
WIESO TUT DEIN KNIE WEH?
ICH BIN VON DER SEILBAHN ABGESPRUN-GEN, UM DIR VON MEINEM KNÖCHEL ZU ERZÄHLEN.

SCHON WIEDER VOLL?
JA.
2704
ABER DU HAST DIE WINDEL DOCH ERST GE-WECHSELT.
JA. DAS MACH ICH ZEHNMAL AM TAG.
Distr. by Bulls
www.babyblues.com
WOW! UNGLAUB-LICH!
DASS BABYS SO VIELE WINDELN BRAUCHEN?
DASS VÄTER ES SO LEICHT HABEN.

MAMPF! MAMPF! MAMPF!
2705
Distr. by Bulls
NICHT IN DIE FLASCHE ZURÜCK-FLIESSEN LASSEN!
GLUGG! GLUGG! GLUGG!
www.babyblues.com
AHHHH! VON SCHOKO-KEKSEN WERDE ICH IMMER SO DURSTIG!
IST DAS SO EIN NEUES WASSER MIT GESCHMACK?
JETZT JA.

PAPI, WAS IST SPAM?
SPAM BEZEICHNET DINGE, DIE IM E-MAIL-PROGRAMM AUFTAUCHEN, OBWOHL MAN SIE NICHT WILL.
Distr. by Bulls
SIE SIND STÖREND, LÄSTIG UND KOSTEN UNNÖTIG VIEL ZEIT.
2706
www.babyblues.com
SIEHST DU? ES PASST PERFEKT!
© 2003, Baby Blues Partnership Dist. by King Features Syndicate 3-6
Kirkman & Scott
MEIN NAME IST **TIMMI** UND NICHT **SPAMMI!**

HAUSAUFGABEN?
JA.
Distr. by Bulls
ICH MUSS MIR EINE GESCHICHTE AUSDENKEN, SIE MIT EIGENEN WORTEN AUFSCHREIBEN UND BILDER DAZU MALEN. GANZ OHNE HILFE.
WOW.
2707
www.babyblues.com
Kirkman & Scott 3-7
© 2003, Baby Blues Partnership Dist. by King Features Syndicate
HERR DAUS SAGT, DIE AUFGABE SEI FÜR DIE ELTERN SCHWIERIGER ALS FÜR DIE KINDER.
INTERPUNKTION! LASS MICH NUR DIE KOMMAS SETZEN!

MEIN FREUND OLLI HAT HEUTE EINEN TOLLEN WITZ GEMACHT!
Distr. by Bulls
www.babyblues.com
OLLI MACHT IMMER GUTE WITZE, ABER DER WAR DER HAMMER! SEID IHR BEREIT?
© 2003, Baby Blues Partnership Dist. by King Features Syndicate 3-8
SO WIE ICH OLLI KENNE, GEHT ES UM ETWAS, DAS AUS DEM MUND, DER NASE ODER DEM HINTEREN ENDE KOMMT.
DU KENNST DEN WITZ SCHON?
Kirkman & Scott
2708

NUR EINE STUNDE UNGESTÖRTEN SCHLAF ... MEHR WILL ICH JA GAR NICHT.
ICH GEBE DIR DREI!
Distr. by Bulls
HÅ?
ICH BRINGE SUSI UND TIMMI ZU IHREN VERABREDUNGEN UND NEHME ANNA MIT BEI MEINEN ERLEDIGUNGEN.
www.babyblues.com
ICH BIETE DIR EINEN GANZEN MORGEN FÜR DICH ALLEIN UND WILL KEIN „NEIN" ...
2709
© 2003, BABY BLUES PARTNERSHIP DIST. BY KING FEATURES SYNDICATE 3-10
... VON DIR HÖREN!
KLICK
KIRKMAN & SCOTT

VIEL SPASS, KINDER! ICH HOL EUCH UM 13 UHR AB.
JA, PAPI!
2710
KIRKMAN & SCOTT
Distr. by Bulls
TJA, ANNA, BLEIBEN NUR DU, ICH UND EINE LISTE MIT BESORGUNGEN.
www.babyblues.com
FANGEN WIR OBEN AN!
© 2003, BABY BLUES PARTNERSHIP DIST. BY KING FEATURES SYNDICATE 3-11
KAFFEE UND GAFFER!
OOOH!
WAS FÜR EIN SÜSSES BABY!
WIE NIEDLICH!
HALLO, SÜSSE!

DAS IST VERRÜCKT!
Distr. by Bulls
NORMALERWEISE WÜRDE KEINE DIESER FRAUEN NOTIZ VON MIR NEHMEN.
www.babyblues.com
NUR WEGEN ANNA WEICHEN SIE MIR NICHT VON DER SEITE.
2711
© 2003, BABY BLUES PARTNERSHIP DIST. BY KING FEATURES SYNDICATE 3-12
MEIN BABY ZIEHT BABYS AN!
IHR BEIDEN SEID JA SO SÜSS!
KIRKMAN & SCOTT

Distr. by Bulls
WOW! BRITTA! BIST DU DAS?
MEINE GÜTE!
SIEH DICH NUR AN! PUUH! UNGLAUBLICH!
AH-UUUGA! AH-UUUGA! SCHWERTRANSPORT VORAUS!
IHR WART WIRKLICH FLEISSIG!
TOLLER SCHUSS, ROGER! HA! HA!
228
www.babyblues.com
NA JA, VIEL GLÜCK! IHR KÖNNT ES GUT GEBRAUCHEN!
SEHT ES MAL SO... JETZT FEHLEN NUR NOCH ZWEI FÜR EINE BASKETBALLMANNSCHAFT!
VIELLEICHT HÄTTEN WIR LIEBER NUR "ALLES GUTE" SAGEN SOLLEN...
NÖÖ... NICHT BEIM DRITTEN KIND.

Distr. by Bulls
UNGLAUBLICH, ICH BIN VON LAUTER SCHÖNEN FRAUEN UMGEBEN!
NATÜRLICH HABEN SIE MEHR INTERESSE AN ANNA, ABER SIE REDEN AUCH MIT MIR!
2712
www.babyblues.com
KIRKMAN & SCOTT
ES TUT GUT ZU SEHEN, DASS MAN IMMER NOCH DAS GEWISSE ETWAS HAT.
© 2003, BABY BLUES PARTNERSHIP DIST. BY KING FEATURES SYNDICATE 3-13
HABEN SIE NOCH MEHR ENKELKINDER?

Distr. by Bulls
WIE WAR DEIN MORGEN MIT ANNA?
PRIMA, EIN PAAR FRAUEN GLAUBTEN, ICH SEI IHR GROSSVATER.
2713
WAS??
DAS IST LÄCHERLICH!
www.babyblues.com
VIELE MÄNNER IN DEINEM ALTER WERDEN NOCH VATER!
VIELEN DA...
© 2003, BABY BLUES PARTNERSHIP DIST. BY KING FEATURES SYNDICATE 3-14
KIRKMAN & SCOTT
WAS MEINST DU MIT „MÄNNER IN MEINEM ALTER"???

Distr. by Bulls
MACH DIE ZÖPFE NICHT ZU FEST, ES TUT WEH, WENN SIE ZU FEST SIND. ABER MACH SIE AUCH NICHT ZU LOCKER. IRGENDWIE SO LOCKER FEST.
DER LINKE SIEHT KOMISCH AUS. ICH GLAUBE, DER IST ZU LOCKER, ABER VIELLEICHT IST ER AUCH ZU FEST UND DER RECHTE IST ZU LOCKER. AM BESTEN FÄNGST DU NOCH MAL VON VORN AN!
2714
www.babyblues.com
ES REICHT! DU DARFST!
© 2003, BABY BLUES PARTNERSHIP DIST. BY KING FEATURES SYNDICATE 3-15
LIEB VON MAMI, DASS SIE DICH AUCH MAL LÄSST.
JA, GUTE ALTE MAMI ...
KIRKMAN & SCOTT

Distr. by Bulls
www.babyblues.com
DANKE FÜRS HELFEN, PAPI.
KLAR, KEIN PROBLEM, SCHATZ.
2715
HAST DU MAL HAUSAUFGABEN VON ERSTKLÄSSLERN GESEHEN??
UND DU DACHTEST IMMER, MATHE SEI ZEITVERSCHWENDUNG ...
KIRKMAN & SCOTT

Distr. by Bulls
www.babyblues.com
KIRKMAN & SCOTT
2716
SCHNÜFF
SCHNÜFF
NA, TOLL!
SCHNÜFF
SCHNÜFF
WIESO NIMMST DU EINFACH UNSER SHAMPOO?
GLAUB MIR, ES WAR EIN VERSEHEN!
OKAY, WER KAUT HIER KAUGUMMI?

KANN ICH DAS FÜR MORGEN ZUM FRÜHSTÜCK HABEN?
Distr. by Bulls
DU WILLST LIEBER EIN VAKUUMVERPACKTES, FERTIGES BROT, ANSTELLE MEINES SELBST GEMACHTEN FRÜHSTÜCKS?
JA! BITTE? BITTE? BITTE? ICH WILL ES PROBIEREN!
www.babyblues.com
GUT, OKAY ...
KIRKMAN & SCOTT
WIE IST DEIN FRÜHSTÜCK?
ES FEHLT LIEBE.
2717

HALLO, SUSI. KANN ICH DEINE MAMA HABEN?
JA. ICH SEH MAL NACH, WO SIE IST.
Distr. by Bulls
www.babyblues.com
2718
STAMPF! STAMPF! STAMPF! STAMPF! STAMPF! STAMPF! STAMPF! STAMPF! STAMPF! STAMPF! STAMPF! STAMPF! STAMPF! STAMPF!
ICH GLAUBE, ICH SEHE SIE JETZT! MOMENT ...
©2003, BABY BLUES PARTNERSHIP DIST. BY KING FEATURES SYNDICATE 3·20
KIRKMAN & SCOTT
SEIT ICH ANS TELEFON GEHE, GLAUBEN DIE LEUTE, WIR WOHNEN IN EINEM SCHLOSS.

ANNA WAR QUENGELIG LETZTE NACHT. KONNTEST DU ÜBERHAUPT SCHLAFEN?
NEIN. DAS HOL ICH NACH.
Distr. by Bulls
2719
WÄHREND DES TAGES FINDEN SICH MÖGLICHKEITEN FÜR EIN KLEINES ZZZZZ ...
KIRKMAN & SCOTT
www.babyblues.com
... ZZZZ ... NICKERCHEN.
©2003, BABY BLUES PARTNERSHIP DIST. BY KING FEATURES SYNDICATE 3·21
WAR DAS GERADE EINE?
WAR WAS EINE?

OKAY, TIMMI, ZEIT ZUM BADEN!
Distr. by Bulls
www.babyblues.com
2720
UND VERGISS DIE ...
©2003, BABY BLUES PARTNERSHIP DIST. BY KING FEATURES SYNDICATE 3·22
KIRKMAN & SCOTT
... SEIFE NICHT.
ZU SPÄT. BIN SCHON FERTIG!

Für Papi
Du bist der beste Papi auf der ganzen Welt. fröhlichen Vatertag. in Liebe, susi
DANKE, SUSI. DAS IST WIRKLICH SÜSS ...
ABER VATERTAG IST ERST IN DREI MONATEN ...
EINE NEUE PACKUNG BUNTSTIFTE HÄLT NICHT EWIG ... HIER IST DEINE WEIHNACHTS-KARTE.
Distr. by Bulls
2721
www.babyblues.com
KIRKMAN & SCOTT

WIE HEISST DEINE SCHWESTER NOCH MAL?
ZURI. ABER WIR NEN-NEN SIE OFT „ZU".
JA. MEIN BRUDER HEISST AUCH TIMOTHEUS, ABER ICH NENNE IHN TIMMI ODER TIMO ODER TIMMTO.
ODER BLÖDES, STINKENDES PUDDING-HIRN.
MIR FALLEN VIELE NAMEN EIN.
ICH WEISS.
Distr. by Bulls
2722
www.babyblues.com
KIRKMAN & SCOTT

WEIL ER DA WAR!
WIE KOMMST DU DARAUF, DASS ICH FRAGE, WIESO DU IN DEN MATSCH GESPRUNGEN BIST?
NUR SO EIN GEFÜHL.
Distr. by Bulls
2723
www.babyblues.com
KIRKMAN & SCOTT

Distr. by Bulls
BAM!
ZIP!
ZIP!
BAMP!
BINK!
DONK!
POING!
DOINK!
FIP!
PINNG!
PWANG!
KIRKMAN & SCOTT
OKAY! WER HAT DEN FUSS-BODEN EINGEÖLT?
www.babyblues.com

PIEKS!
SCHUBS!
STOSS!
SCHUBS! STOSS! SCHUBS! STOSS!
WENN AUS SCHUBSEN STOSSEN WIRD, IST ES MEIST ZEIT FÜRS BETT.
Distr. by Bulls
www.babyblues.com
©2003, Baby Blues Partnership Dist. by King Features Syndicate 3-27
KIRKMAN & SCOTT
2724

IIIIIIIIIIIIIIIIIIIIIIIHHH!!!
KÄFER UND REGENWÜRMER SIND DIE BESTEN WECKER, DIE ES GIBT.
WIESO WUSSTE ICH, DASS DU DAMIT ZU TUN HAST?
BOX O' BRAN
FROSTY FROOT
Distr. by Bulls
www.babyblues.com
©2003, Baby Blues Partnership Dist. by King Features Syndicate 3-28
KIRKMAN & SCOTT
2725

DU HAST EINEN BRIEF BEKOMMEN, TIMMI.
EHRLICH? WAS STEHT DRIN?
ES IST EINE EINLADUNG ZU OLLIS GEBURTSTAG.
ACH, JA. DAVON HAT ER MIR ERZÄHLT!
DA GIBT ES EINE KLETTERWAND, SACKHÜPFEN, GOKARTS UND EINE GIGANTISCHE WASSERBALLON-SCHLACHT!
B.H.P.M.B.?
BITTE HEFTPFLASTER MITBRINGEN.
Distr. by Bulls
www.babyblues.com
©2003, Baby Blues Partnership Dist. by King Features Syndicate 3-29
KIRKMAN & SCOTT
2726

DU ÜBERNACHTEST ALSO AN OLLIS GEBURTSTAGSPARTY.
JA. BEI IHM ZU HAUSE.
ES GIBT EINE KLETTERWAND UND WASSERBALLONS UND ALLES!
WIE TOLL!
DU GEHST DOCH GAR NICHT HIN!
ICH WEISS. ABER DU BIST DEN GANZEN TAG UND DIE NACHT NICHT ZU HAUSE.
2727
Distr. by Bulls
www.babyblues.com
©2003, BABY BLUES PARTNERSHIP DIST. BY KING FEATURES SYNDICATE 3-31
KIRKMAN & SCOTT

TIMMI IST ERST FÜNF. DENKST DU, ER IST ALT GENUG, UM WOANDERS ZU ÜBERNACHTEN?
FÜNF IST NOCH JUNG, ABER OLLI IST SEIN BESTER FREUND. ES GEHT SCHON GUT.
DAS HOFFE ICH.
MAN BRAUCHT EINE MENGE MUT DAFÜR. MUT UND ENTSCHLOSSENHEIT.
MUT, ENTSCHLOSSENHEIT UND VIELLEICHT EIN GLAS WEIN ...
WIR REDEN HIER NICHT MEHR VON TIMMI, ODER?!
2728
Distr. by Bulls
KIRKMAN & SCOTT
www.babyblues.com
©2003, BABY BLUES PARTNERSHIP DIST. BY KING FEATURES SYNDICATE 4-1

ICH BIN FERTIG FÜR MEINE ERSTE ÜBERNACHTUNG!
PRIMA!
ALS ICH KIND WAR, HABE ICH IMMER WAS EINGEPACKT, DASS MICH BESCHÜTZT, WENN ICH ANGST HATTE.
GUTE IDEE. WAS SOLL ICH DENN MITNEHMEN?
BABS! ER IST FÜNF JAHRE ALT! ALLES IST OKAY.
BESSER VORSICHT ALS NACHSICHT.
2729
Distr. by Bulls
www.babyblues.com
KIRKMAN & SCOTT
©2003, BABY BLUES PARTNERSHIP DIST. BY KING FEATURES SYNDICATE 4-2

OHNE TIMMI IST ES SO STILL HIER.
JA. ICH FRAG MICH, WIE DAS ÜBERNACHTEN LÄUFT.
ICH WILL NICHT, DASS ER HEIMWEH HAT ODER EINSAM IST. ICH WILL NICHT, DASS ER SICH IN DEN SCHLAF WEINT, WEIL ER SEINE MAMI SO SEHR VERMISST.
NATÜRLICH NICHT.
WIESO KÖNNEN SIE NICHT EINFACH UNABHÄNGIG WERDEN, OHNE IHR ZUHAUSE ZU VERLASSEN?
Distr. by Bulls
2730
www.babyblues.com
© 2003, Baby Blues Partnership Dist. by King Features Syndicate 4-3
KIRKMAN & SCOTT

DAS PROBLEM MIT ÜBERNACHTUNGEN IST, DASS DIE KINDER IMMER ZU SPÄT INS BETT GEHEN.
SIE BLEIBEN SO LANGE AUF, DASS SIE DAS GANZE WOCHENENDE MÜDE UND QUENGELIG SIND!
KLAR! BLEIBT DIE GANZE NACHT AUF! WEN INTERESSIERT SCHON MORGEN?
EIGENTLICH SIND ES DIE ELTERN, DIE WIRKLICH LEIDEN!
ALLERDINGS!
Distr. by Bulls
2731
www.babyblues.com
© 2003, Baby Blues Partnership Dist. by King Features Syndicate 4-4
KIRKMAN & SCOTT

TSCHÜSS, OLLI!
WIE WAR DAS ÜBERNACHTEN, TIMMI?
GANZ GUT. ALS WIR INS BETT SOLLTEN, HABE ICH DICH ABER VERMISST.
EHRLICH? ICH DICH AUCH!
ICH HÄTTE FAST ANGERUFEN.
WIESO HAST DU NICHT?
ICH WOLLTE NICHT, DASS DU MICH FÜR EIN BABY HÄLTST.
ICH WOLLTE NICHT GLAUBEN, DASS DU KEINS MEHR BIST.
Distr. by Bulls
2732
www.babyblues.com
© 2003, Baby Blues Partnership Dist. by King Features Syndicate 4-5
KIRKMAN & SCOTT

HAA-TSCHI!
SUSI, ES IST HÖFLICH, DEN MUND ZU BEDECKEN, WENN MAN NIEST.
'TSCHULDIGUNG. schnief
HAA-TSCHI!
UND ES IST NOCH HÖFLICHER, DIE EIGENE HAND ZU BENUTZEN.
IGITT! NIEMALS!
2733
Distr. by Bulls
www.babyblues.com
KIRKMAN & SCOTT

WENN ICH DICH ABGESTILLT HABE, ANNA, IST ES DAMIT ENDGÜLTIG VORBEI.
JUHUU!
SCHLUCHZ
WIE DU SIEHST, HABE ICH DESWEGEN GEMISCHTE GEFÜHLE.
2734
Distr. by Bulls
www.babyblues.com
KIRKMAN & SCOTT

Eine stillende Mutter verbrennt pro Tag bis zu 500 Kalorien zusätzlich.
HALLO, SCHATZ. WAS MACHST DU?
AB-NEHMEN!
2735
Distr. by Bulls
www.babyblues.com
KIRKMAN & SCOTT

WIR HABEN DIR FRÜHSTÜCK GEMACHT!
WOW! WAS FÜR EINE TOLLE ÜBERRASCHUNG!
Distr. by Bulls
DU DARFST HEUTE IM BETT FRÜHSTÜCKEN!
ICH HAB'S!
UUPS!
230
♪ FRÜHSTÜCKEN! FRÜHSTÜCKEN! FRÜHSTÜCKEN! ♪
ES GIBT RÜHREI, SPECK, KUCHEN, ORANGENSAFT UND EINEN SCHOKORIEGEL!
VORSICHT! NICHT AUF DEM BETT HÜPFEN!
WIE SIND DIE EIER?
ÄH...NASS!
DARF ICH MAL BEISSEN?
ICH HABE 'NE TOLLE IDEE! LASST UNS RAUSGEHEN UND EIN PAAR KÖRBE WERFEN!
JAA!
JAA!
WER IMMER FRÜHSTÜCK IM BETT ERFUNDEN HAT, MUSSTE NIE WÄSCHE WASCHEN.
www.babyblues.com
KIRKMAN & SCOTT

ACH, ANNA … ICH KANN ES KAUM ERWARTEN, DASS DU DEIN ERSTES WORT SPRICHST.
#!@#$%!!!
SOLANGE ES NICHT „NEIN", „AUFHÖREN", „GIB HER" ODER „ICH WILL" IST.
2736
Distr. by Bulls
www.babyblues.com
© 2003, BABY BLUES PARTNERSHIP DIST. BY KING FEATURES SYNDICATE 4-10
KIRKMAN & SCOTT

WAAAAAAAAA!
WAAAAAAAAAA!
HÄH? WAS?? HALLO? HALLO?
WAAAAAAAAA!
OH.
WAAAAAAAAA!
IST FÜR DICH.
2737
Distr. by Bulls
www.babyblues.com
© 2003, BABY BLUES PARTNERSHIP DIST. BY KING FEATURES SYNDICATE 4-11
KIRKMAN & SCOTT

WIESO NIMMST DU EIGENTLICH WEGWERF-WINDELN FÜR ANNA?
AUS ZWEI GRÜNDEN.
BEQUEMLICHKEIT UND … ÄH …
… BEQUEMLICH-KEIT UND …
BEQUEMLICH-KEIT UND WAS?
BEQUEMLICHKEIT UND NOCH EIN AN-DERES WORT FÜR BEQUEMLICHKEIT.
2738
Distr. by Bulls
www.babyblues.com
© 2003, BABY BLUES PARTNERSHIP DIST. BY KING FEATURES SYNDICATE 4-12
KIRKMAN & SCOTT

2739
SIE SEHEN SO VERLOREN AUS, KANN ICH HELFEN?
WELCHER IST DENN TIMMI, ODER BRAUCHE ICH EINE FERNSEH-ZEITUNG?

IHR HABT WOHL HEUTE WAS BESONDERES GEBASTELT?
JA, FERN-SEHER-MASKEN.
2740
DIE SIND JA TOLL!
JA. DIE JUNGS HABEN ANDERE GEMACHT ALS DIE MÄDCHEN.
ACH, JA?
WODURCH UNTERSCHEIDEN SIE SICH DENN?
DIE DER JUNGS HA-BEN KEINEN LAUT-STÄRKE-REGLER.

WAS SOLL **DAS** DENN SEIN?
EIN FERNSEHER. ICH WETTE, DU HÄTTEST AUCH GERNE EINEN!
2741
NEIN, WILL ICH NICHT.
ICH BIN SOGAR **FROH**, DASS ICH KEINEN HABE.
AUSSERDEM HAB ICH WIRK-LICH BESSERES ZU TUN.
ES SIND KEINE PAPP-KARTONS MEHR DA! DAS WEISS ICH!
UNFAIR!

AN DEM KNOPF SCHALTEST DU UM. PROBIER'S MAL!
2742
Distr. Bulls
KLICK!
WILLKOMMEN ZU TIMMIS SHOW!
KIRKMAN & SCOTT
www.babyblues.com
KLICK!
WILLKOMMEN ZU TIMMIS SHOW!
KLICK!
WILLKOMMEN ZU TIMMIS SHOW!
KLICK!
WILLKOMMEN ZU TIMMIS SHOW!
DAS IST WIE REALITY-FERNSEHEN MIT MEHR REALITÄT.
GUT, NICHT WAHR?!

WIR WOLLEN ESSEN, TIMMI. NIMM DIE FERNSEH-MASKE AB.
OKAY.
Distr. Bulls
TIMMI WIRD NACH EIN PAAR KURZEN WERBE-EINBLENDUNGEN WIEDER BEI IHNEN SEIN.
www.babyblues.com
BLEIBEN SIE UNS TREU. SCHALTEN SIE NICHT UM!
2743
ICH HAB NUR 30 SEKUNGEN ZEIT ZUM ESSEN.
KIRKMAN & SCOTT

ZEIT FÜRS BETT!
SCHON?
2744
Distr. Bulls
JA.
DAS KANN NICHT SEIN! WIE SPÄT IST ES?
www.babyblues.com
IN 7 SEKUNDEN IST ES 22 UHR MITTELEUROPÄISCHE SOMMERZEIT.
MIST!
BEEIN-DRUCKEND.
ICH SPRECHE FERNSEH-ISCH.
KIRKMAN & SCOTT

WOW!
ICH HABE FRÜHSTÜCK FÜR DREI PERSONEN GEMACHT, DREI BROTE UND EIN MITTAGESSEN ZUM MITNEHMEN UND EIN BABY GESTILLT ... UND ES IST NOCH NICHT MAL 7 UHR.
SCHON WIEDER MARMELADE??
DIE WURST MAG ICH NICHT!
SPUCK!
IST DAS ALLES, WAS ICH ZU MITTAG BEKOMME?
NEIN ... NEIN ... HALTET EUREN APPLAUS ZURÜCK!
Distr. Bulls
www.babyblues.com
2745
©2003, Baby Blues Partnership Dist. by King Features Syndicate 4-21
Kirkman & Scott

2746
Distr. Bulls
GÄHN!
GÄHN
OKAY, VIELLEICHT BIST DU MEHR GESCHLAUCHT ALS ICH.
UND VERGISS DAS NICHT.
©2003, Baby Blues Partnership Dist. by King Features Syndicate
www.babyblues.com
4-22
Kirkman & Scott

WIE OFT HAT UNS ANNA LETZTE NACHT AUS DEM BETT GEHOLT?
NACH DEM SECHSTEN MAL HABE ICH AUFGEHÖRT ZU ZÄHLEN.
Distr. Bulls
GLAUBST DU, SIE ZAHNT?
NEIN, DAFÜR IST SIE ZU KLEIN.
Kirkman & Scott
HUNGER?
GLAUB ICH NICHT.
BLÄHUNGEN?
NEIN.
VERSTOPFUNG?
NEIN.
www.babyblues.com
2747
©2003, Baby Blues Partnership Dist. by King Features Syndicate 4-23
OKAY, DANN IST SIE VIELLEICHT NUR GEMEIN.
DIESEN GEDANKEN HATTE ICH GEGEN 3.30 UHR AUCH.

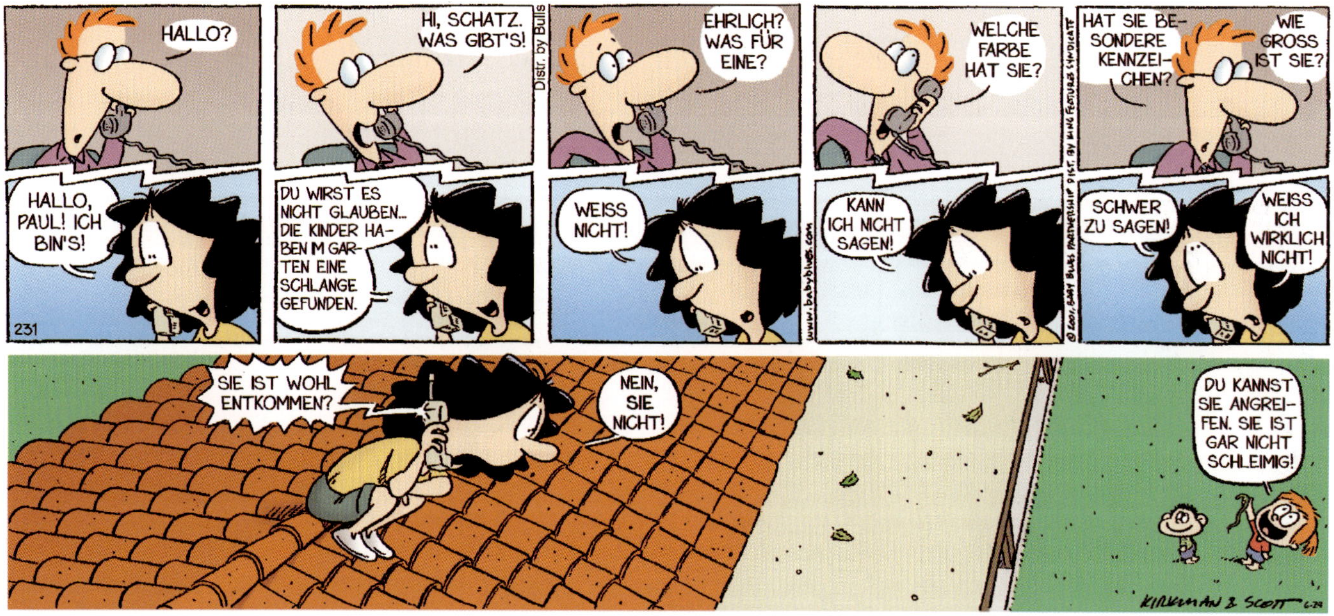
HALLO?
HALLO, PAUL! ICH BIN'S!
231
HI, SCHATZ. WAS GIBT'S!
DU WIRST ES NICHT GLAUBEN... DIE KINDER HABEN IM GARTEN EINE SCHLANGE GEFUNDEN.
Distr. by Bulls
EHRLICH? WAS FÜR EINE?
WEISS NICHT!
www.babyblues.com
WELCHE FARBE HAT SIE?
KANN ICH NICHT SAGEN!
© 2001, BABY BLUES PARTNERSHIP DIST. BY KING FEATURES SYNDICATE
HAT SIE BESONDERE KENNZEICHEN?
WIE GROSS IST SIE?
SCHWER ZU SAGEN!
WEISS ICH WIRKLICH NICHT!
SIE IST WOHL ENTKOMMEN?
NEIN, SIE NICHT!
DU KANNST SIE ANGREIFEN. SIE IST GAR NICHT SCHLEIMIG!
KIRKMAN & SCOTT 6-24

JEDER NUR EINEN ...
AU JA!
2748
Distr. Bulls
EINEN FÜR DICH UND ZWEI FÜR MICH.
WAS??
CHOCO CHIPS
www.babyblues.com
HE! MAMI HAT GESAGT, JEDER EINEN!
ICH WEISS ...
© 2003, BABY BLUES PARTNERSHIP DIST. BY KING FEATURES SYNDICATE 4-24
... ABER ICH BIN ÄLTER, DESWEGEN BEKOMME ICH MEHR.
KIRKMAN & SCOTT

DIE NEHMEN 700 EURO FÜR DIE REPARATUR.
REPARATU
700??
Distr. Bulls
www.babyblues.com
ABER SUSI UND TIMMI BRAUCHEN NEUE SCHUHE UND JACKEN UND ANNA BRAUCHT UNBEDINGT EINEN NEUEN KINDERWAGEN!
ICH WEISS.
© 2003, BABY BLUES PARTNERSHIP DIST. BY KING FEATURES SYNDICATE 4-25
ICH WEISS NICHT MEHR WAS TEURER IST ... DAS AUTO ODER DESSEN INHALT ZU UNTERHALTEN.
2749
KIRKMAN & SCOTT

WAS IST DAS?
IIH!
2750
Distr. Bulls
ICH GLAUBE, ES KOMMT VON DA DRINNEN!
IHR BLEIBT HIER. WAS ES AUCH IST, ES WIRD IMMER SCHLIMMER.
www.babyblues.com
DU BIST ES?!
WAS DAGEGEN??
© 2003, BABY BLUES PARTNERSHIP DIST. BY KING FEATURES SYNDICATE 4-26
KIRKMAN & SCOTT
WEISST DU, BABS, MANCHE MENSCHEN SOLLTEN PAT BENATAR SINGEN UND MANCHE NICHT.
RATSCH!
WAR DAS ETWA EIN LIED?

LOS, RAUS MIT EUCH!
TROCKNET EUCH AB UND ZIEHT EURE SCHLAFANZÜGE AN.
Distr. Bulls
www.babyblues.com
2751
BUÄH!
KIRKMAN & SCOTT
WAS?
© 2003, BABY BLUES PARTNERSHIP DIST. BY KING FEATURES SYNDICATE 4-28
MANCHMAL FRAGE ICH MICH, OB ICH KINDER BADE ODER SOSSE MACHE.
SOSSE HAT WENIGER KLUMPEN.

HA! HA! HA! HA! HA! HA!
2752
Distr. Bulls
WAS IST SO LUSTIG?
CHARLIE CHAPLIN.
PAPI IMITIERT ...
www.babyblues.com
ICH HABE IHNEN GEZEIGT, WIE ER SICH IMMER BEWEGT.
OH, OKAY.
KIRKMAN & SCOTT
© 2003, BABY BLUES PARTNERSHIP DIST. BY KING FEATURES SYNDICATE 4-29
ICH DACHTE, DU MACHST MAMI BEI EUREM HOCHZEITSTANZ NACH.
DAS IST DAS GLEICHE.
KICHER

WANN KANN ANNA ENDLICH MIT MIR IM GARTEN HERUMRENNEN?
DAS DAUERT NOCH.
2753
Distr. Bulls
www.babyblues.com
ZUERST LERNT SIE ZU SITZEN, DANACH DAS KRABBELN, DANN STEHEN UND SCHLIESSLICH LERNT SIE ZU GEHEN ...
© 2003, BABY BLUES PARTNERSHIP DIST. BY KING FEATURES SYNDICATE 4-30
KIRKMAN & SCOTT
UND DANN FÄNGT SIE AN ZU RENNEN?
NEIN, DANN FANGE ICH AN ZU RENNEN!

HE! EIN WUNSCHKNOCHEN! WER MÖCHTE ...
ICH!
NEIN, ICH!
GIB HER!
DAS IST MEINER!
NICHT!
AU!
SETZ DAS AUF DIE LISTE DER DÜMMSTEN DINGE, DIE ICH JE GESAGT HABE.
ICH SCHREIBE ES GLEICH UNTER „WER WILL DEN LETZTEN KEKS".
Distr. Bulls
www.babyblues.com
KIRKMAN & SCOTT
2754
©2003, BABY BLUES PARTNERSHIP DIST. BY KING FEATURES SYNDICATE 5-1

HAST DU LUST, MIT ANNA UND UNS ZUM „MUTTER-KIND-TURNEN" ZU GEHEN?
NEIN.
DAS IST WAS FÜRS ERSTE BABY.
GLAUB MIR, BEI DREI KINDERN TURNT MAN DEN GANZEN TAG GENUG HERUM.
Distr. Bulls
2755
www.babyblues.com
©2003, BABY BLUES PARTNERSHIP DIST. BY KING FEATURES SYNDICATE 5-2
KIRKMAN & SCOTT

MUND AUF UND AUGEN ZU! DANN BEKOMMST DU EINE GROSSE ÜBERRASCHUNG!
Distr. Bulls
ES IST NICHT IRGENDWAS EKLIGES, ODER?
www.babyblues.com
2756
KIRKMAN & SCOTT
NEEEEIIIIIIIIINNNNN!
WENN DU DAS GLAUBST, DANN GLAUBST DU WAHRSCHEINLICH AUCH JEDEM POLITIKER.
©2003, BABY BLUES PARTNERSHIP DIST. BY KING FEATURES SYNDICATE 5-3

DIE KINDER DEUTEN DAUERND AN, DASS SIE EINEN HUND WOLLEN.
ACH JA? WIE DENN?
Distr. Bulls
www.babyblues.com
KRATZ! KRATZ!
KRATZ! KRATZ!
2757
SEHR SUBTIL.
KIRKMAN & SCOTT

DING-DONG!
2758
Distr. Bulls
WUFF! WUFF! KLÄFF! KLÄFF! KLÄFF!
www.babyblues.com
WUFF! KLÄFF! KLÄFF! WAU! WUFF! WUFF!
KIRKMAN & SCOTT
ICH GLAUBE LANGSAM, ES WÄRE EINFACHER, EINEN HUND ZU HALTEN, ALS DAS EINEM FREMDEN ZU ERKLÄREN.
NICHT ANSPRINGEN!

KRIEGEN WIR EINEN HUND?
NEIN.
KRIEGEN WIR EINEN HUND?
NEIN.
KRIEGEN WIR EINEN HUND?
NEIN.
KRIEGEN WIR EINEN HUND?
NEIN.
2759
Distr. Bulls
KINDER, HÖRT AUF! WIR HABEN IM MOMENT KEINEN PLATZ FÜR EINEN HUND!
KIRKMAN & SCOTT
www.babyblues.com
WENN WIR EIN GRÖSSERES HAUS HABEN, KÖNNEN WIR AUCH EINEN HUND HABEN! OKAY?
OKAY.
KAY.
KRIEGEN WIR EIN GRÖSSERES HAUS?
KRIEGEN WIR EIN GRÖSSERES HAUS?
KRIEGEN WIR EIN GRÖSSERES HAUS?
KRIEGEN WIR EIN GRÖSSERES HAUS?
SEUFZ

BBBRRUUMMMMMMMMMMMMM
HALLO, TIMMI!
232
Distr. by Bulls
BBBRRUUMMMMMMMMMMMMMM
WAS? ICH VER-STEHE NICHTS!
BBBRRUUMMMMMMMMMMMMM
WAS? ICH VERSTEHE NICHTS!
BBBRRUUMMMMMMMMMMMMM
WAS? ICH VER-STEHE NICHTS!
MMMMMMMMMMMmmmppt!
WARTE MAL!
ICH HABE GESAGT, "WAS? ICH VERSTEHE NICHTS!"

GUTE NACHT, TIMMI.
NACHT, PAPI.
www.babyblues.com
KLICK
© 2003, BABY BLUES PARTNERSHIP DIST. BY KING FEATURES SYNDICATE 5-8
KLICK!
KLICK!
KLICK!
KLICK!
2760
Distr. Bulls
WEISST DU, TIMMI, VIELLEICHT WÄRE ES ZEIT FÜR EIN ETWAS KLEINERES NACHTLICHT.
ICH MAG DAS ABER.
KIRKMAN & SCOTT

KINDER ... CHAOS ... BABY ... MÜDE ...
ÜBLER TAG?
2761
Distr. Bulls
... STREIT ... WINDELN ... SPUCKEN ...
ICH HAB GENAU DAS RICHTIGE.
www.babyblues.com
TAA-DAAH!
KIRKMAN & SCOTT
© 2003, BABY BLUES PARTNERSHIP DIST. BY KING FEATURES SYNDICATE 5-9
ES GEHT DOCH NICHTS ÜBER EINE PACKUNG PRALINEN, DAMIT DU DEN ÄRGER VERGISST, NICHT WAHR, SCHATZ?
HE, DAS IST KEINE GEHIRNWÄSCHE!

KANN ICH WAS HABEN?
WAS MEINST DU DENN?
Distr. Bulls
www.babyblues.com
2762
EIN EIGENES GROSSES ZIMMER MIT NEUEN MÖBELN, EINEM RIESIGEN BETT UND EIN PONY.
© 2003, BABY BLUES PARTNERSHIP DIST. BY KING FEATURES SYNDICATE 5-10
WIE WÄR'S STATTDESSEN MIT EINER SCHÜSSEL EIS?
OKAY.
ICH WILL AUCH WAS!
STELL NICHT ZU GROSSE ANSPRÜCHE.
KIRKMAN & SCOTT

UND? HATTEST DU EINEN SCHÖNEN MUTTER-TAG?
JA, ER WAR GANZ GUT.
2763
Distr. Bulls
UND WAS HAT DIR AM ALLER-BESTEN GEFALLEN?
HMMM ... MAL ÜBERLEGEN ...
www.babyblues.com
KIRKMAN & SCOTT
... ENTWEDER DAS CHAOS IN DER KÜCHE AUFRÄUMEN, NACHDEM IHR MIR FRÜHSTÜCK GEMACHT HABT, ODER DEN GLITZER-KLEBER VOM TISCH KRATZEN, NACHDEM IHR MIR EINE KARTE GEBASTELT HABT.
© 2003, BABY BLUES PARTNERSHIP DIST. BY KING FEATURES SYNDICATE 5-12
EINE SCHWERE ENTSCHEI-DUNG, WAS?
ICH HABE GLÜCK.

DA SIND WIR!
2764
Distr. Bulls
WIE IHR SEHT, IST ER GENAU WIE BESCHRIEBEN ... ETWAS SCHMUTZIG UND MIEFIG, ABER ANSONSTEN IN GUTER VERFASSUNG.
www.babyblues.com
SEHEN WIR UNS JETZT MAL EUER FAHRRAD AN ...
© 2003, BABY BLUES PARTNERSHIP DIST. BY KING FEATURES SYNDICATE 5-13
MAMI! SUSI WILL MICH SCHON WIEDER EIN-TAUSCHEN!
BITTE! NICHT VOR DEN KUNDEN!
KIRKMAN & SCOTT

KINDER-ARZT
2765
Distr. Bulls
FRISEUR
www.babyblues.com
KINDERSCHUHE
© 2003, BABY BLUES PARTNERSHIP DIST. BY KING FEATURES SYNDICATE 5-14
KIRKMAN & SCOTT
SCHON WIEDER SCHULTER-SCHMERZEN? HAST DU WAS SCHWERES GEHOBEN?

DOINK! DOINK! DOINK!
DOINK! DOINK!
HÖR AUF, SUSI!
© 2003, BABY BLUES PARTNERSHIP DIST. BY KING FEATURES SYNDICATE 5-15
DOINK! DOINK!
DOINK! DOINK! DOINK!
NICHT!
2766
Distr. Bulls
DOINK! DOINK! DOINK!
DOINK! DOINK!
JETZT REICHT'S!
www.babyblues.com
TIMMI HAT MICH MIT EINEM BALL BEWORFEN!
KIRKMAN & SCOTT

HI, SCHATZ. WIE WAR DEIN ...
ACHT WINDELN, SECHSMAL GESPUCKT, DREIMAL UMGEZOGEN, ZWEI SCHREIATTACKEN UND EINE WUNDE BRUST.
Distr. Bulls
2767
© 2003, BABY BLUES PARTNERSHIP DIST. BY KING FEATURES SYNDICATE 5-16
... TAG?
ENTSCHULDIGE MICH. ICH MUSS BEI EINEM HEISSEN BAD ALLEIN ÜBER DAS WUNDER DES LEBENS NACHGRÜBELN.
KIRKMAN & SCOTT
www.babyblues.com

KLICK
Distr. Bulls
AHHHHHHHHH!
www.babyblues.com
2768
© 2003, BABY BLUES PARTNERSHIP DIST. BY KING FEATURES SYNDICATE 5-17
KIRKMAN & SCOTT
ZWEI DER MAGNETISCHSTEN ELEMETE AUF ERDEN SIND EISEN UND VÄTER, DIE ALLEINE AUF FUSSBÖDEN LIEGEN.

WENN SIE SAGEN WOLLEN:
PSSST! DAS BABY SCHLÄFT!
KÖNNEN SIE GENAUSO GUT SAGEN:
JETZT WÄRE DER PERFEKTE ZEITPUNKT, UM SO VIEL KRACH WIE MÖGLICH ZU MACHEN.
!!!!!!!
*@!#★!
www.babyblues.com
Distr. Bulls
2769
© 2003, BABY BLUES PARTNERSHIP DIST. BY KING FEATURES SYNDICATE 5-19
KIRKMAN & SCOTT

WENN SIE SAGEN WOLLEN:
BITTE RÄUMT JETZT EUER SPIELZEUG AUF.
KÖNNEN SIE GENAUSO GUT SAGEN:
HE! WER WILL MIT MIR STREITEN?
!!!!!!!!!
www.babyblues.com
Distr. Bulls
2770
© 2003, BABY BLUES PARTNERSHIP DIST. BY KING FEATURES SYNDICATE 5-20
KIRKMAN & SCOTT

WENN SIE SAGEN WOLLEN:
HABT IHR EURE ZÄHNE GEPUTZT?
KÖNNEN SIE GENAUSO GUT SAGEN:
WIE VIELE SELTSAME ENTSCHULDIGUNGEN HABT IHR HEUTE WIEDER?
ICH PUTZE DAFÜR MORGEN FRÜH ZWEIMAL.
VERGESSEN.
ICH FINDE DIE ZAHNPASTA NICHT.
MEIN MUND IST ZU MÜDE.
ZAHNBÜRSTE VERLOREN.
MEINE ZÄHNE SIND NICHT SCHMUTZIG.
www.babyblues.com
Distr. Bulls
2771
© 2003, BABY BLUES PARTNERSHIP DIST. BY KING FEATURES SYNDICATE 5-21
KIRKMAN & SCOTT

OH, WOW! EIN ALTER TARZAN-FILM MIT JOHNNY WEISMÜLLER!
233
Distr. by Bulls
IHR HABT WIRKLICH GLÜCK!
DAS IST EIN ECHTER KLASSIKER!
ALS ICH IN EUREM ALTER WAR, HABE ICH MIR IMMER VORGESTELLT, ICH WÄRE "PAUL AUS DEM DSCHUN-GEL."
APROPOS DSCHUNGEL... WAS MACHT EIGENTLICH DER LÖWE DA?
LÖWEN LEBEN IN SAVANNEN UND BAUMSTEPPEN.
VIELLEICHT HAT ER SICH VERIRRT!
UND AUCH NOCH EIN TIGER! SOLL DAS NICHT IN AFRIKA SPIELEN? IN AFRIKA LEBEN KEINE TIGER! AUSSERDEM JAGEN SIE MEINES WISSENS NUR NACHTS!
NUN...
HA! HA! SIEH NUR! ER REITET AUF EINEM INDISCHEN ELEFANTEN UND NICHT AUF EINEM AFRIKANISCHEN! SIEHST DU? ER HAT KLEINERE OHREN!
ÄH...
NA. WAS SEHT IHR EUCH TOLLES AN?
MEINE KIND-HEITSTRÄUME GEHEN IN RAUCH AUF!
HALLOOOOO? NENNST DU DAS ETWA SPEZIAL-EFFEKTE?
7-8
KIRKMAN & SCOTT